Adolf Bastian

Lose Blätter aus Indien

VI.

Adolf Bastian

Lose Blätter aus Indien
VI.

ISBN/EAN: 9783743412330

Hergestellt in Europa, USA, Kanada, Australien, Japan

Cover: Foto ©Lupo / pixelio.de

Manufactured and distributed by brebook publishing software (www.brebook.com)

Adolf Bastian

Lose Blätter aus Indien

Lose Blätter

aus

INDIEN.

VI.

BERLIN 1898.

Dietrich Reimer (Ernst Vohsen)
Wilhelmstr. 29.

Vorwort.

Mit den nachfolgenden Seiten schliesst das vorliegende Werk in seinen Heften ab, soweit nicht die Durcharbeitung der unter Balinezen und Tenggerezen gewonnenen Aufzeichnungen Anlass liefert für Rückbeziehungen (in ferneren Publicationen).

Berlin, August 1898.

A. B.

Die Welt, worin wir leben, ist nicht die makrokosmisch objective Welt, wie aus den Specialitäten naturwissenschaftlicher Disciplinen (in soweit gültigen Hypothesen) herstellbar, sondern die aus den, als immaterielle Hyle (ihres Hypokeimenon) unterliegenden, Umsetzungen der Sinnesempfindungen in Wortbildern (auf gesellschaftliche Sphären) mikrokosmisch geschaffene Welt der Denkthätigkeit (zur Spiegelung wiederum im eigenen Selbst).

Auch hier handelt es sich um Elemente oder Atome (weil rationelle Ergebnisse der Deduction im logischen Rechnen), auch hier um Zellen und ihre organischen Wachsthumsprozesse im Umlauf des Werden's, aber die Elementar-Gedanken, die mit psychischen Primalitäten in geographisch substantieller Bodengrundlage fundamentiren (für inductiven Ausgang aufbauender Forschung) verlaufen aus immanentem Entwicklungsdrang in die historischen Entfaltungen ihres ethnopsychisch umwehenden Wachsthumstriebes.

Die Fragen also, die aus umgebender Welt sich stellen (in des Dasein's Problemen), reden (für das naturwissenschaftliche Ohr) mit der Stimme desjenigen Logos, der aus dem Gesellschaftskreis (der Sauggha oder Gemeinde, unter den Triratna) in die Geburt getreten ist, und demnach trauter verständlich, als jener Logos, der gleich den Ausgeburten eines Pater anonymos, in hochtönenden Phrasen perorirte nachdem Sige's uranfängliche Stille (während um Tanaoa sich Mutuhei schlang) durchbrochen worden war, und nun aus der Umwölkung chaotisch metaphysischen Gemisches die „copia verborum" hervorströmte, ehe jede einzelne solcher Wortmünzen abgewogen und auf ihre Aechtheit geprüft worden war (in comparativer Controle).

Dass die Welt, worin wir leben, nicht die makrokosmisch unbekannt umgebende ist, sondern die auf mikrokosmischem Verständniss (des psycho-physischen Individuum's) zugeschnittene (auf der Gesell-

(1)

schaftssphäre sprachlicher Schöpfungen), kommt auf dem durchschnittlichen Niveau des Denkens nicht zum Eindruck betreffs solcher Verschiedenheit, die bei Ueberwiegen der Subjectivität ihre Identität herstellt mit objectiver Gültigkeit.

Allerdings werden mit Fortschreiten der Culturarbeiten die Abweichungen vom Naturmaass merkbarer werden. Obwohl in den Behausungen die Nachahmungen der Höhlenwohnungen, vom Gestein geboten, kenntlich bleiben mögen, verlieren sie sich schon beim wandernden Zelt; die von Gott Vater im Paradies umgehängte Fellbekleidung war nicht von Mutter Natur bereits zugeschnitten für ihren Menschensohn, der, ihr in's Gesicht, das Wasser zu, seinen natürlichen Fall übersteigenden Höhen aufzuschrauben lernt, das Feuer zu zeugen aus eigener Kunst, um sich Beleuchtung zu schaffen, auch im Dunkel der Nacht (und so in naturwissenschaftlichen Eroberungen weiter).

Zumal wenn im Gang der Geschichtsbewegung dem Culturvolk Vergleichungen geboten sind mit der Weltanschauung seiner Nachbarn treten die Differenzen hervor.

Unter den Bildwerken pharaonischer Monumenten durchwandert sich eine Welt uranographischen Aufbau's völlig andersartig, als diejenige z. B. die in des lebenden Lama Tempel (Yung-ho-Kung) den Blick trifft zu Peking, oder zu Tanjore und Madura, in dem der Fischäugigen u A. m.

Und hier nun, wo sich die ihren Elementarunterlagen nach gleichartigen Moralgebote (wie durch die Vorbedingungen socialer Existenz nothwendigerweis erfordert) ihren, kraft theologischer Autorität fixirten Dogmen (oder der aus metaphysischen Speculationen gesponnenen) hineingewoben finden, wird demjenigen, der mit Erziehung des Menschengeschlechts sich beauftragt meint, die Competenzfrage gestellt sein, wie weit sein theoretischer Durchblick den innerlichen Zusammenhang beherrscht, um nicht durch fragmentarische Aenderungen in Einzelheiten die Pfuscherei eines widersinnigen Flickwerks zu verbrechen, wo vorher ein einheitlicher Peplos gebreitet war, wenn auch ein vielleicht fremdartig ausschauender für fremde Augen (wie das kaum anders wohl sein kann). —

Dass der Mensch das Maass der Dinge gilt für seinen Mikrokosmos, der nicht nur nicht etwa als verkleinerter Reflex des Grossganzen im All, einen einfach bequemeren Ausschauplatz gewährt, um vom Centrum aus die Sehlinien allmählich bis zur Peripherie zu verlängern, sondern der eine schwierigere Aufgabe stellt, weil mit excentrischer Stellung durch die Wortschöpfungen der Gesellschaftsschichtung in den Makrokosmos hinein (oder darauf) gebaut, complicirtere Rechnungsformeln verlangend, um hinzuführen zur Lösung (und Erlösung).

Hier treffen die Antinomien des in Uneudlichkeiten hinausführenden Absoluten, und der übersehbar rationell bemeisterbaren Relationen, ehe das Denken in sich selber die gemeinsam einigende Wurzel gefunden haben wird (aus eigenem Verständniss).

Vom Makrokosmos verstehen wir das in mikrokosmische Fassungsweise Umgesetzte (durch fachwissenschaftliche Verarbeitung der psychophysischen Eindrücke).

Was wir überschauen, ist aus dem Gesammtganzen ausgeschnittenes Theilstück — ein Kubus meinetwegen (für dessen Einfügungsplatz vorläufig der Beurtheilung jeglicher Anhalt abgeht) oder eine Einzelnkreisung im Sternenchor (vergleichnissweis).

Wir vermögen bis in's Detail genau die Umlaufszeit des Mars zu berechnen, oder Jupiter: Monde, sowie die des planetarischen Trabanten, mit praktischen Resultaten für Zeitregelungen oder Ebbfluthen (zum Gewinn der Navigation und was an Gewinnst sie liefert). Ueber den Zusammenhang mit allgemeinen stellarischen Kreisungen, wird dadurch freilich Nichts gelernt, um in den, im Fixsternhimmel verhüllten, Sinn hineinzudringen, und obwohl sich die durchgehende Gleichartigkeit der Berechnungsgesetze constatiren lässt, zeigt kein Weg sich offen, um in die Geheimnisse des Daseienden hineinzuführen.

Nachdem nun aber in den Vorstellungskreis ethnischer Kreisung auf gemeinsamer Unterlage local nur differenzirter Elementargedanken, der schöpferisch thätige Faktor des Denkens die ihn regierenden Gesetzlichkeiten ergründet haben sollte, würde seine, Erhellung mit sich bringende, Rückkehr aus gesellschaftlicher Schichtung zu dem daran betheiligten Individuum, in ihm selber diejenige Wurzel zu beleuchten haben, die sich in kosmischen Harmonien eingeschlagen erweist.

Um derartige Selbsterkenntniss anzubahnen, muss zunächst der, sachliche Kenntniss des actuell Vorhandenen voraussetzenden, „conditio sine qua non" vorbedinglich genügt sein, in abgerundeter Umschau des (in seinen Theilen zu definirenden) Ganzen, nämlich auf Grund einer Erschöpfung der Denkmöglichkeiten in ihren Keimanlagen, dem inductiven Forschungswege gemäss. Dadurch sind die Betrachtungen des primären Wildzustandes vorangestellt, während die bisherig kulturhistorischen Baukünstler ihren Hausbau vom Dache aus beginnen zu können meinten, wie ihnen von einem Confrater bereits vorgehalten wurde, der allerdings nicht weiter zu helfen wusste, da damals die Ethnologie über die Ethnographie noch nicht hinausgekommen war.

Glänzende Feuerwerke genug sind abgebrannt, um die mythologischen Vorstellungen geistig zu erhellen. Aber je genialischer die Erklärungsversuche, je anziehender also und verführischer für civilisirt verfeinerten Geschmack, desto unvermeidlicher müssen sie in Verkehrtheiten auslaufen, weil je höher hinaufgeschraubt, desto weiter entfernt von der primitiven Unterlage, auf der die naturgemässen Voranlagen wurzeln, die zum gesicherten Ausgangspunkt dienen müssen.

Wohl haben sie bis in höchst entfaltete Blüthenstände verfolgt zu werden, mit kritisch vergleichender Sichtung der in der Cultur zur Geltung gelangten Bräuche von einander, unter Ausdeutungen, actueller Zeitstimmung entsprechend. Die Abstraction indess verbleibt ein theoretisches Product solange nicht zurückrechnend auf die Wurzel, woher, der Sachlage nach, thatsächlich entsprungen.

Der Feuercult, wie, von Priesterschaften gepflegt, ist in deren Festgesängen gefeiert im Typus des Reinen, des Lichtens, des Wärmenden und Erbarmenden (mit dem Doppelgesicht des Fruchtbaren dahinter), und wie auf persischen Pyrñen, brannte ewiges Feuer in Cuzco's Klöstern und der Vesta Tempel. Und für kürzere Ewigkeit füttert der Australier das Feuer an seinem Glimmstengel oder (in der Kohlenschaale) die Häuptlingstochter der Damara beim Wanderzug der Horde.

Der Hütung und Wahrung, zur Ehrung und sodann Verehrung, mit jeglicherlei moralischen und poetischen Anknüpfungen, bleibt freiester Spielraum, wie es beliebt.

Um die verwesenden Leichen aus Reihe der Ansiedelung zu entfernen, mag sie von den Bactrern in den Waldbusch geworfen sein, oder im nächstliegenden Fluss allüberall, und wenn dann meditativ gestimmte Gemüther, die in collegialischen Confraterien (gleich den der Wongtschá) mythologische Systeme ausbauen, sich ergriffen fühlen durch den Anblick des brausenden Stromes, der (ihrem Blick) unbekannten Quellen entflossen dahinrinnt, wo Niemand weiss woher oder wohin — dann umkleidet sich sein Lauf mit dem Heiligenschein, damit er den ihm übergebenen Todten forttrage nach Gefilden der Seeligen.

Beim Hervortreten aus dem Zelt verneigt sich der Samoyede vor der Sonne, die mit alltäglicher Regelmässigkeit vor seinen Augen sich erhebt, und niedersenkt, wenn auch ihm es schläfrig wird, um sich niederzulegen, und wie dichtrische Ader den Sonnenball preisen mag, werden ihm die nüchternen Landbauern gern ehrende Verehrung zollen, die sich reichlich bezahlt, durch Sonnenschein zur rechten Zeit, und sofern dann auch die Gelehrten zu thun bekommen, in Ausfertigung der Kalender und ihre Erklärung, schwellen die Mythen und Legenden, die an den Wagen des rollenden Sonnengottes sich heften.

Die Verjüngungen des Mondes rufen gleiche Sehnsucht wach, wie in den Klagen über den durch die Hasen (der Khoin-Khoin) oder Ratten (der Vitier) geübten Trug oftseitig ausgesprochen, und damit verbindet sich leicht die Beziehung zu den Geburten, oder ihrer Helferin (im Monde).

Wenn in unsichtbarer Welt eines Bangsa alus der Dämon überall spuken mag, entschuldigt sich die Unfähigkeit ihn zu sehen, am besten beim Baum, wo er hinter den Blättern versteckt sein mag, und durch was immer unter dem Schatten desselben sich ereignen sollte, wird der Platz sich mit heilig unheimlichem Character umkleiden, und die Beseeligung bald hinzutreten, wenn der von seinen Wurzeln durch den Fluss abgerissene Baum schreit, in des Indianers Ohren, oder der Verletzte blutet (in Attica).

Die Mehrzahl der Völker oder Stämme, bei welchen die weit verbreitete Beschneidung üblich ist, haben sie dogmatisch übernommen und also mit den Erklärungen, wie aus der Exegese festgestellt, sei es durch Theologie des Islams, sei es durch talmudische Rabbulisterien beim Rückgang auf die absonderliche Erzählung des Pentateuch, auf ein in pharaonischer Priesterkaste gebräuchliches Ceremoniel rückdeutend; und was man dort etwa ausgegrübelt haben möchte, wird so wenig wie was heutige Gelehrten aus ihrem Hirn hinzuzuthun belieben sollten, einen Deut auch nur beizutragen vermögen, um die auf primitivem Wildzustand keimende Wurzel zu erfassen, vielmehr den Zugang dahin irreführend verdunkeln, so lange nicht ein voller Ueberblick all derjenigen Operationsweisen gewonnen ist, unter welchen die Wildlinge an den Geschlechtstheilen herumzukrabbeln und dabbeln pflegen, und da, was an überraschenden

Daten aus Australien, Borneo, Afrika etc. m. hinzugekommen ist, aus jüngsten Tagen erst datirt, ermangelte solcher Wegweiser den früheren Interpretatoren. Bei der Männer- (oder Soldaten-) Kaste wird der nächst jünger rivalisirenden der Mitbewerb um die in gleicher Generation heranwachsenden Mädchen gern verhindert oder doch erschwert, durch Urethra-Schlitzung, Hoden-Excision u. dgl. m., bis dann später bei der Pubertätsweihe nur die rituelle Beschneidung (als durch Hadat vererbter Brauch) übrig bleibt, da ohnedem bei geschichtlichem Fortschritt auch dem Egoismus der Dominirenden zum Gefühl kommen muss, dass eine jungkräftig nachwachsende Generation, wie dem Stamm im Allgemeinen, auch ihnen selber zu Gute kommen wird. Anfangs musste dies denen gleichgültig sein, die schon am Rande des Greisenalters stehend, bald im Ausschuss der Sexagenarii beseitigt sein würden (vor Idealisirung des Stärkeren-Rechts), und also keine Aussicht hatten von den Zeugungen ihrer Söhne in den Enkeln viel noch zu profitiren, so dass sie vorziehen mochten, das kurze Leben voll noch zu geniessen, soweit in ihrem Machtbereich stand (solange derselbe noch überdauerte). Dass trotz des Abschreckenden einer blutigen Verletzung, als Vorbedingung der Bekehrung, der Islam in steter Erweiterung begriffen, unter den Wildstämmen, beweist seine Assimilationsfähigkeit mit dortig ethnischer Grundlage (weil einfachst gestaltet). Ein Vollbad, ohne Bekleidung, zur Taufe in der Wolga mochte (besonders im Winter) für die Russen so wenig Anziehendes haben, wie das in der Weser für die Sachsen, aber gegenwärtig ist die Wasserbesprenkelung nicht allzu belästigend, zumal wenn auch noch ein Hemd hinzugeschenkt wird (selbst mit da-Capo Vorstellungen in Sibirien manchmal).

Indem sich das Denken über eigene Thätigkeit zunächst zu orientiren hat, muss sein mikrokosmischer Charakter unverrückt festgehalten werden.

In der Welt des Universums, die uns als Makrokosmos umgiebt, mit ihren Räthselfragen, hat sich auf der Gesellschaftsschichtung der Wortschöpfungen eine Welt zum Mikrokosmos aufgebaut, als derjenigen, worin wir leben; und worin also jedem Einzelnen aus dem zugehörigen Gesellschaftskreis, den Ziffernwerth seiner Persönlichkeit herauszurechnen, in Aufgabe gestellt ist.

Innerhalb dieser aus dem Denken sprossenden Welt markiren sich auf fundamentirter Unterlage die Elementargedanken, als naturgesetzliche Auswirkungen menschlicher Wesenheit, und in ihnen liegen keimgeschwängerte Samen aufgeschlossen, um sich bei culturgeschichtlich eingeleiteten Bedingnissen zu höheren Bildungen zu entfalten (unter organischen Wachsthumsprocessen).

Bei Allem, was innerhalb mikrokosmischer Sphäre dem Denken sich spiegelt, operiren wir mit relativen Verhältnisswerthen, die in proportionell gestützte Rechnungsformeln gefasst werden mögen, während das Denken, sobald seine Betrachtungen dem Makrokosmos zuwendend, sich in das Absolute verliert, ohne Anfang noch Ende; ehe nicht in Erkenntniss der eigenen Wesenheit, ein Schlüssel für das Verständniss gefunden sein sollte.

Der Weg der Forschung ist soweit deutlichst angezeigt und vorgeschrieben. Nach comparativer Methode der Induction sind den Elementargedanken ihre einwohnenden Aussagen zu entlocken, und was sich daraus in Ergebnissen aufdrängt, ist unter deductiver Controlle der Prüfung zu unterwerfen, um das Ziehen eines endgültigen Fazit zu ermöglichen.

———

Die psycho-physisch auf die Sinnesorgane einfallenden Impressionen verschwinden, wenn ihr Zweck erreicht ist, weil ausgeglichen durch die dem Reiz entsprechende Reaction (in organischer Veranlagung). Diejenigen Eindrücke dagegen, welche auf gesellschaftlicher Schichtung in Lautschöpfungen umgesetzt, dem Ohre verständlicher (oder doch vertraulicher) klingen, weil eigener Mitbetheiligung (bei ihrer Gestaltung) angehörig, lassen abgeblasste Erinnerungsbilder zurück, welche träumerisch verworren auch im Schlafzustande nachdämmern, und beim Wiedererwachen neu aneinandergereiht werden mögen, dem im Wachsthum des Denkens leitenden Faden gemäss.

Der Denkprozess findet sich also beständig umgeben von seiner mikrokosmisch unsichtbaren Welt, worin, wenn in Contemplation durchwandert, diejenigen Gegenstände (in mehr oder weniger beschriebenen Umrissen) deutlicher hervortreten, worauf jedesmal die „Visio mentis" hingerichtet ist.

Innerhalb solches Mikrokosmos liegen dann die Ausgangs- (oder Ansatz-)punkte eingeschlossen, um hinauszutreten auf die den (allumfangenden) Makrokosmos durchkreuzenden Forschungsbahnen, und wenn in harmonisch durchwaltenden Gesetzlichkeiten (des Kosmos) die gemeinsame Wurzel erahnt ist, welcher auch das eigene Selbst entsprossen, öffnet sich ihm, mit jenseitigem Ausblick, der Weg zur Befreiung (von beengenden Schranken des Irdischen).

Indem die mikrokosmische Welt, worin das Denken seine Bewusstheit lebt, aus dessen Lautschöpfungen aufgebaut ist, so weist sie hin auf schaffenden Logos, der (im Dunkel mythologischer Philosophie) bei unzugänglichen Bythos' (eines Kumulipo) abgeschlossen und verhüllt (ausser wenn durchsickernd in Emanationen), sich hier als ein auf der Gesellschaftsschichtung redender erweist, und somit begriffbar für das psychophysische Individuum, weil selber ein integrirend mitwirkender Factor und demgemäss, befähigt solches Selbst in eigener Unabhängigkeit zu extrahiren (kraft logischen Rechnens).

Durch tabuirtes Abscheiden erobernder Volksstämme von den einheimischen, unter Uebereinanderschieben der Gesellschaftsschichtungen begünstigt, erhielt sich die Kastenschichtung in ihrem weltlichen Charakter (als Saskala) auf Indien's Boden (für Bali) auch in dem, die Vorrechte (durch Wiedergeburt) Privilegirter für die jenseitigen Geschicke (im Niskhara) abweisenden Buddhagama (nach jainistischer Version), und dabei ergiebt sich dann das Voranstehen der Fürsten-Dynastien (aus dem Xatrya-Geschlecht), wobei die Brahmanen eine geehrte Rangklasse angewiesen erhalten, weil durch ihre Kenntniss vedischer Mantra oder (gleich den Hora Siam's) der Calender-Auslegung wegen, nützlich verwendbar.

Derartige Zustände bestanden auf Java, als mit dem Fall des Reiches Modjopahit die Auswanderung nach Bali statt hatte, wo die schärfere Ausprägung der Padanda Siwa (nach einem der tamulischen Philosophensysteme ihrer Secten) erst mit späterer Herüberkunft Bahu Rahu's (der den Dewa goeng bereits antrifft) verknüpft steht, unter Zulassung Buddha's (der in Vischnu's Avataren directe Einführung erhält) als jüngeren Bruder's zumal für das (auch dem Foismus seine Verehrer zuführende) Todtenceremonial, so dass der Pandanda Buddha nach Süden hin betet (an Stelle Yama's) am Fünffest (wo seine Gegenwart erforderlich).

Das auf Indonesiens Inseln allgemein (auch unter den mythologisch aufgesetzten Ausstaltungen) Durchwaltende [aus einem göttlich (oder himmlisch) entsprossenen Lebensprincip] wurde (auf Bali) für die localen Manifestationen (in den Poera-dewa) mit dem (indisch entlehnten) Namen des jedesmaligen Dewa getauft, der dann von den (eine Degradirung durch Berücksichtigung des Volkscults nicht scheuenden) Brahmanen mit Siwa (und seinen Anak Siwa) in Berührung sich bringen liess, während dem (seinem Batara Guru zugewandten) Pandanda (aus den Komenöch vor Allem), solche Popularisirung ebenso fern lag, wie Siwaloka erhaben über die Dewaloka (Indra's Swarga ins Besondere).

Der populäre Kult erhielt sich also in seinen primär durchgehenden Grundzügen, (unter den Pamangku), obwohl wirksame Hilfsmittel, wie (aus brahmanisch gelehrter Kenntniss) im Toja-Thirta z. B. gewährt, gern hinzugenommen wurden, oder doch nicht abgewiesen (mit Schroffheit der Bali-aga).

———

Der tabuirte Adel (der Maori) bezieht sich auf himmlisches Geschlecht (von Rangi her), die Byamha treten zu den autochthon erdentsprossenen Rassen (am Irawaddi) und auch die Egi kommen von jenseitigem Bolotu zu der irdisch bewohnten Inselgruppe (Tonga's).

Die Kasten sind nach der Peilung ihrer Schuldabrechnung mit Karma, auf verschiedenem Niveau ins Dasein getreten, die Brahmanen (der Contemplation ergeben) eines Hauptes Länge über die Xatrya aus Brust und Armgeglieder (ihre starke Hand zu leihen, zum Schutz), der ernährenden Vasya aus dem Bauch, die Sudra aus den Füssen, um zertreten zu werden.

Aber auch der Wurm krümmt sich, wenn getreten, und so, um dem Jedem (gross oder klein) einwohnenden Ehrgeiz zu fröhnen, sind aus naturgemäss nahegelegter Vererbung der Beschäftigung (vom Vater auf den Sohn) die Gilden (in sog. Unter-Kasten) geschaffen, mit Stolz auf irgend welche Absonderlichkeit pochend (in rechter oder linker Hand).

Die specifisch charakterisirte Physiognomie des indischen Kastenwesens ergiebt sich aus den historisch mitwirkenden Bedingungen.

Die erobernden Xatrya zogen in der Halbinsel ein, als herrschendes Fürstengeschlecht, und den Priesterkönigen, wenn das Schwert führend, standen ihre Purohita zur Seite (für richtige Einhaltung des Ceremonials). Als nach Regelung des neuen Besitzes und allmählich eingeleiteter Verschmelzung der einheimischen Aristocratie (wie der anglo-sächsischen mit der normannischen), den Herren leibeigener Sudra (in den Vaisya), beim Kriegshandwerk, aus den Ueppigkeiten schwelgerischer Capuas, der Waffenrock zu schwer geworden war und die kriegerische Energie verlahmte, begann die Obermacht geistiger Beherrschung, und wie in Collegien der Wongtschâ (unter den Fanti), schlossen sich (aus stillschweigend gegenseitigem Verständniss im gemeinsamen Interesse) brahminische zusammen (unter Hut des gleichen Stammvaters).

Dem tausendarmigen Arjuna (Sasrabahu), den Repräsentanten barbarischer Häuptlinge des Deccan, worauf die für asketische Uebungen ausgewanderten Siwaiten dominirenden Einfluss gewonnen hatten, wurden seine überzähligen Glieder abgehackt durch die Axt Parasu-Rama's, als Vorkämpfer des (in Aryawarta rein verbliebenen) Brahmanenthum's, unter Vishnu's Aegide, während im Grunde der vishnuitische Cult der Kriegerkaste gehörte und deshalb der Schwerpunkt der Brahmanen später in den Siwnismus gefallen ist, mit allen Rakshasa als Brahmanen (s. Ward), während Rama als Besieger Dasamuku's gefeiert wird (in den Epen).

Das Priesterkönigthum (mit seinen Ueberlebseln im Archonten Basileus und Rex sacrorum) hat die aus Natur der Sache nahe gelegten Phasen durchlaufen. Die seit Austilgung der Kriegerkaste eines neuen Schutzherren bedürftigen Brahmanen hielten diese, [wenn durch Feuerschöpfung oder kraft weihender Erhebung aus niedrigem Grade, erlangt] unter hierarchischer Knechtung [nach Aufnahme in (pharaonische) Priesterkollegien, bis dann wieder die Reaction eintrat, wenn ein thatkräftiger Eudamenes (in Meru) oder Finnow revoltirte, gegen seinen Tuitonga oder (japanischen) Micado, wie ähnlich bei den Chibcha, in Dahomey (und vielfach sonst).

Auf dichtgedrängten Wohnstätten der Civilisation, hat die naturgemässe Lebensweise allzu oft einer höflich (oder höfisch) cultivirten sich zu accommodiren, und indem den Naturbedürfnissen, wie sie sich anmelden an Blase und Sphinter, nicht sogleich zur Zeit jedesmal, an Ort und Stelle, genügt sein kann, werden dadurch schon im Wohlgemuth der Jugend [wo anfänglich Alles sich bestens wieder zurück (und im Stand) zu setzen vermag] oftmals Keime eingesäet zu später chronischem Siechthum (haemorrhoidalischer und nephritischer Leiden).

Und so zeigt es sich dem, für Bussübungen der Tapas (zur Unterdrückung und Missachtung der Sinnesregungen) isolirten Einsiedler nahe gelegt, den Etiquette-Vorschriften der Complimentirbücher keine Berücksichtigung zu schenken (in ihren Hofirungen), wie der fromme Lehnsfürst von Karang-Assem, der, den Palasthof zu

Gilgel verunreinigend, Anlass gab zu den für Bali's Geschichte kritisch durchschlagenden Kriegen, wodurch die altgeheiligte Hauptstadt zerstört wurde (und die politischen Aspecten der Insel einer revolutionären Umgestaltung unterzogen).

Im Disput mit Saugkara-Ascharja zog der Dalai-Lama seine gereinigten Eingeweide hervor, da es sich nicht nur um äusserlich reinigende Waschungen handelt, sondern um Reinigkeit an Herz und Nieren [wobei aus den Darm-Rückständen genugsam übrigblieb für Anfertigung (und Verkauf) heiliger Pillen].

Dass trotz civilisatorischer Prüderie, wodurch die Naturstimme (auch wenn in unmissverständlichen Lehren redend), verächtlicherweis zum Schweigen gebracht wird, krasse (und für ein rein einfaches Gemüth eher schmutzige) Nuditäten in aesthetischer Plänkelsäugerei als Ideale der Reinheit gepriesen werden, die selbst der leichtentzündlichen Jugend (welche nach Logik der Wildstämme, in ihrer Pubertätsperiode von allen Reizungen temporär fern gehalten werden muss) irgendwie zu verhüllen, eine Schmach sein würde — das fällt der unter kostspieligen Auffütterungen künstlich herangezogenen Clique der Künstler zur Last, wodurch die einst mit genialischen Inspirationen beauftragten Musen ausser Bord gesetzt sind. Poeta nascitur, non fit.

Das aus „Tien" (Lehm) gefertigte Körpergerüst (in China), stösst spröde dagegen sich mit dem Aetherleibe der Malaikat oder Sanygang zu vergesellen. Die (siamesischen) Dewa (wenn zu Brahmayika erhöht) entbehren der (in Lhassa für Pillen verwertheten) Ausscheidungen (s. Pallegoix), da ihre (ambrosianische) Speisung ohne Rückstand sich assimilirt, wogegen der Abhassara Glanz verblich, als ihre Körper sich beschwerten, durch das Reis-Essen auf Djambudwipa (nachdem die Süsskruste verzehrt war).

Der bei geschlossener Stammeseinheit, aus hierarchischer Gliederung, an sich bedingte Monotheismus (im Monopol und Privileg) erhielt seine historische beeinflussende Nachwirkung, als eine in Einsamkeit der Wüstenöden national geprägte Horde unter Anstrebung fruchtbarer Ländereien — (mit deren Anbau, vor dem Auszug aus dem Nil-Thal, Vertrautheit bereits gewonnen war) — in stetem Kampf mit feindlichen Gegnern desto enger und fester auf sich selber hingewiesen war, und als dann in Nachfolge phönizischer Weltfahrten (seit Salomo's Zeit) solch' national geprägte Anschauungen im internationalen Verkehr verbreitet waren, verwiesen sie sich von derartiger Zähigkeit, um auch die Dreiheit zu bemeistern, welche nach Verketzerung der Arianer in einer sectirisch abgeschiedenen Filiale aus philosophischer Durchbildung hellenischen Polytheismus' aufgenommen war, als bei dem römischen Erbtheil desselben in politische Beziehungen eintretend (mit Herrschaft der Ecclesia triumphans).

Auf seinen Handelsreisen mit jüdischen und christlichen Dogmen bekannt geworden, eiferte (zunächst in privater Rancune mit den verwandtschaftlich ungefälligen Koreischiten) Mohamed gegen einen an den [von Abraham's (der gegen Nimrod's Prätensionen protestirt hatte) in der Kaaba symbolisch aufgestellten] Stein angeschlossenen Götzendienst und, zur Stärkung des eigenen Berufs, denselben an den früherer Propheten anschliessend, stellte der von Allah Gesandte das einheitliche Glaubensbekenntniss als erste der „fünf Säulen" (des Islam) auf, unter denen in practischer Bedeutung der fünfmal tägliche Salat hervorsteht (während das Uebrige mehr weniger optionell verbleibt).

Dadurch wurde die deisidaimonische Gottesfurcht (oder -Ehrfurcht im $\varphi o\beta o\varsigma\ \vartheta\varepsilon o\upsilon$), welche überall den vom Geschlecht der Unsichtbaren (eines Bangsū alus) umgebenen Wildstamm religiös durchschauert, in eindrucksvoller Erinnerung gehalten, bei gewohnheitsgemäss alltäglich mechanischer Wiederholung der Gebetsformel (unter strengster Verbannung jedweder bildlicher Darstellung).

Die ethnische Bedeutung der noachischen Moralgebote trat zurück (einer administrativ richterlichen Behütung überlassen), da um die räuberisch kriegsmuthigen Beduinen zu begeistern (zum heiligen Kampf) weder das Verbot des Tödtens noch das des Stehlens allzuschroff betont werden durfte, der Ehebruch durch die Einmischung (gläubiger) Jin entschuldigt werden mochte, die Verurtheilung der Lüge von einer in casus conscientiae geübten Casuistik abhängig blieb und die Verführung zum Saufen nicht allzu sehr zu fürchten war, in dürrer Wüste (wo es oftmals kaum zu trinken gab).

Mit solch' für die Bekehrung leichtestem Gepäck findet der Islam gar leicht seine sympathische Aufnahme unter intellectuell (in Isolirtheit) niedriger verbliebenen Stufungen primären Wildzustandes, wo es auf Schwierigkeiten stösst, einen scholastisch complicirten Heilsapparat congenial verständlich (und schmackhaft) zu machen, wenn die soweit instinktgemäss (aus Vorbedingungen socialer Existenz) geübten Tugenden vorher in (heidnische) Laster zu verkehren sind, um für die als Hilfsmittel angebotene Gnade ihre Werthschätzung (und vollgemachte Preisstellung) zu bewahren.

Im Wildzustand findet sich Jeder, seinen Stammesgenossen gleichgestellt (von den Klassifizirungen in Geschlechts- und Altersklassen abgesehen) und gleich ihnen zur Erwerbung des erforderlichen Lebensunterhaltes ausgerüstet (unter normalen Verhältnissen).

In der Civilisation wird die Mehrzahl ungenügend ausgerüstet geboren für Befähigung zum künftigen Lebenserwerb, und bei den daraus folgenden Abstufungen in Ständegliederungen kreuzen nun die Interessen, für welche eine Staatsgrenze in gemeinsamer Abgleichung gesucht werden muss, zunächst indem die durch das Schicksal in goldener Wiege Gehätschelten die dadurch aufgelegte Pflicht empfinden, sich mit Aushülfen der Bedürftigen zu belasten (zum allgemeinen Besten und dem eigenen gleichfalls).

Der isolirte Wildstand pflegt in der dämonisch als unbekannt umgebenden Welt die Schrecken derselben möglichst abzustumpfen, durch befriedigende Localisirung der Abgeschiedenen, und Unterhaltung traulichen Verkehrs mit denselben, unter Sühnung bösgesinnter Mächte mittelst dementsprechenden Ceremonials.

Wenn in der Cultur die durch begünstigte Stellung zu unbekümmerterer Musse befähigten Stände sich in der Meditation ein complicirteres Weltsystem construirt und dort ihre Götterklassen einbehaust haben, wird den niederen Schichtungen ihre einfache Volksphilosophie durch Verspottung und Widerlegung vergällt, und da sie, nach einen Ersatz umschauend, statt Brod nur Stein erhalten (aus hohl gedrechselten Phrasen der Speculationen für Luftschlösser gebacken) stehen sie nun rathlos da, unter den nachverbleibenden Schrecknissen des Unbekannten, ohne ausreichende Hülfsmittel dagegen, in den zerfetzt nur überdauernden Survivals eines Aberglaubens (aus früherem Glauben).

Dass es sich in stiller Oede der Prairien in Wortsätzen redet, langgedehnt und langsam (polysynthetisch), dass auf geschäftlich dichtgedrängten Märkten es einsilbig schnattert (in Accentsprachen), dass in zerklüfteten Bergländern schreiendes (oder krächzendes) Rufen sich empfiehlt (auch canarische Pfeifensprachen), dass in Waldbehausung der Jagdthiere melodisches Flüstern oft gehört wird, dass der auf seinem Schiff mit den Wogen Kämpfende nach ihrem Saug siegreich singt (oder plärrt), — dies Alles und Anschlüssiges sonst, ergiebt sich schon aus dem topischen Ausdruck geographisch umschriebener Provinz.

Die vielerlei Variationen, die in feineren Nüancirungen schillern, bedürfen nun im jedesmaligen Specialfall ein monographisch vertieftes Studium, um auf den zureichenden Grund zu kommen (für soweit befriedigende Erklärung), und was aus fremden Reizen hinzu getreten sein mag, muss für seine Weiterfolgerungen auf dortigen Geschichtsbahnen ausverfolgt werden (nach historischer Bewegung).

Um also e. g. das indonesische Sprachgebiet zu durchforschen, hätten fachwissenschaftliche Detailstudien voranzugehen, um thatsächlich gesicherte Stützen eingeschlagen zu erhalten, für rationelle Berechnung (der angezeigten Daten). Und so sonst überall (für inductiven Aufbau).

Dem psychologischen Gange der Abstraction gemäss, mehren sich, beim Emporsteigen der Cultur, (aus solch weiterer Umschau), die Allgemeinbegriffe, unter welchen zersplitterte Einzelheiten zusammengefasst werden.

Im Wildzustande entbehren die Sprachen einer Generalisation des Baumes, weil an jeder einzelnen der Baumarten mit der Namensbezeichnung haftend, das Waschen unterscheidet sich nach den verschiedenen Körpertheilen oder Gegenständen, worauf angewandt, das Rind (der Bantu), das Kameel (der Beduinen) verliert sich unter der Vielfachheit kennzeichnender Besonderheiten, die das Auge treffen.

Und so auf moralischem Gebiet, die Zuneigung der Kinder zu den Eltern, oder dieser zu jenen — die aus Hilflosigkeit seit der Geburt auf die Erzeuger hinweisende Anlehnung einer-, und die sorgsam pflegende Hut der Zugehörigen andererseits —, die im Blut getrunkene Einigung der Freunde (zum Symbol der Blutsverwandtschaft), das die Gatten verknüpfende Band, der geschlechtlich entzündete Reiz, mit Erhitzung zum Wundfieber, aus der Verwundung durch Eros Pfeil (der in dichterischer Weltschöpfung als Mächtigster waltet) — das Alles, und manches sonst, wird unter Allgemeinheit der Liebe einbegriffen, und solche auch verlangt sich für die Gottheit oder den Gott, der, wenn die Lieben denen, die sie lieben, entnehmend, um sie zu sich (und fort) zu nehmen, von den Alfuren eher mit Schmähungen überhäuft sein wird, zum Kampf herausgefordert (auf Sumba) und bedroht mit hochgeschwungenem Speer (wie die heiss niederbrennende Sonne durch die den Strahlen entgegengeschossenen Pfeile der Ataranten).

Wenn mit dem Sesshaftwerden schweifender Horden, die Häuslichkeit zum engeren Zusammenschluss des Familienlebens geführt hat, wird die aus Gewohnheit von den Kindern den Eltern gezollte Ehrfurcht, aus Hülflosigkeit früherer Jahre auch in den späteren sich bewahren, und bei frommherzig edler angelegten Gemüthern zu liebevoller Tugendübung sich verwandeln, um die gebrechlichen Alten desto sorgsamer zu pflegen, je roh brutaler sie vorher abgestossen waren (auf nothbedrängender Wanderung).

Wenn solche Gefühle auch den Abgeschiedenen erhalten bleiben, in der in chinesischer Hauskapelle an die Ahnentafel gerichteten Gebete, so würden, ehe über einen Ahnencult Entscheidung zu treffen wäre, Verbaldefinitionen zunächst aufgedrängt sein, zur Unterscheidung zwischen Ehren und Verehren, wie etwa zwischen orare und adorare (seit Max. Fel.) oder zwischen Douleia und Latreia oder dergl. m. (im Katholizismus).

Dass die Vorfahren, selbst wenn sie es wünschten, für die Nachkommen nicht viel thun könnten, auch nachdem vielleicht vom unterhimmlischen Herrscher (am Hofe Shang-ti's) erhöht, liegt in dortiger Staatsreligion begründet, wogegen die der Bantu, (gleich der Szekler), im Wolkengerolle (wie auf catalanischer Wahlstatt), herbeiziehenden Geisterschaaren, in vorderster Schlachtlinie streiten mögen, wo für Ajax eine Lücke gelassen war (bei den Lokrern); und die, zur Sorge der aus dunklem Erdengrund, (wohinunter die Leichen gesenkt waren) aufwachsenden Nährpflanzen, auf die Felder gestellten Ahnenschädel (der Maori) als Korwar in der Hütte zu bewahren, ist nahegelegt (bei den Papua), während dann (nach priesterlicher Ausgestaltung eines Göttersystems ein Dienst der Demeter (als Magna mater), wieder auf die Mütterlichkeit führend bei der Materfamilias eines Mutterrechts) das Auf- und Niedersteigen Proserpinas fortspinnen mag, zur Theorie über unsterbliches Wiederaufleben in der Mystik eleusinisch abgestufter Ordensgrade (der Meda algonkinisch), bei denen der Rhombos schwirrt, wie der Tundam bei australischen Pubertätsweihen, wenn der (freimaurerisch) Begrabene neu erweckt wird, bei den Belli-pati (Senegambien's) oder im Kakianhaus (auf Ceram).

Unter primären Wildzuständen, wo der Vorstellungskreis innerhalb des sinnlichen Bereiches gefesselt bleibt, stehen die Geschlechtsverhältnisse demgemäss voran, mit solchen Keimanlagen, die sich später zum allbeherrschenden Eros verfeinern, oder zu Kama vor der Ausbrennung (in „Smara Dahana"), bis dann zu widerlichen Liebeleien verwässert (in moderner Romanlitteratur).

Allgemein (auch in australischen Horden) giebt eine Helena ersten Anlass zu (trojanischen) Kriegen, und um Dewi Daruki (Naroeki), Devi Sinta, Devi Drupadi wird gekämpft, je nach den Yugen (Kerta, Terta, Duapara), wie ähnlich in den Gesängen scandinavischer Scalden.

Eindruckvollst im engen Horizont der Wildlinge trifft derjenige Act, aus dem ein neues Menschenkind in's Dasein tritt, und wo, um ihm Leben zu geben, ein älteres Menschenleben auf dem Spiele steht, oder ein doppeltes auch (das alte und das neue, beide).

So für hygienische Sicherheitsmassregeln bedarf es eines priapeischen Cult's (der Lingam und Yoni) und so mögen obscöne Bildergruppen, gleich denen Pengastoelan's — die wenn aus dem Tempel in ethnologische Museen übergeführt, in eine (pompejanische) Geheimkammer zu verweisen wären (gleich der classischen in Neapel) — zu öffentlicher Schau gestellt sein, obwohl deshalb noch nicht das Volksleben mit dem Vorwurf der Unzüchtigkeit geschmäht werden dürfte, da Sittlichkeitsvergehen (wenigstens den Gesetzbüchern nach) nirgends strenger geahndet werden, als unter den Baliern und ihren Ansiedlern auf Lombok.

Die lüstern anschauenden Darstellungen in den Dewa-Tempeln werden von den Pilgern eher in trüber Stimmung betrachtet (weil mit ernsten Lebensereignissen verknüpft), jedenfalls nicht mit den geilen Augen, wie sie an chinesischen und japanischen Schweinereien sich weiden, die auf europäischen Photographien weiter outrirt werden.

So widrig abstossend auch diese Dinge sind, so wenig dürfen sie doch ausser Beacht gelassen werden. Der Arzt wird sich durch stinkende Jauche nicht abschrecken lassen, einen Eitrungsprocess zu untersuchen, und so muss die ethnologische Sonde zur Erprobung eingesenkt werden, wo es solcher bedarf.

Ohnedem hängt es bei der Prüderie davon ab, je nach dem (und der prud'hommes). Als die Nuditäten in einem Museum (in Mainz, soviel erinnerlich) vor dem Besuche einer Mädchenschule einigermassen verhüllt werden sollten, erfolgte damals ein allgemeiner Aufschrei in den Zeitungen, synchronistisch etwa zusammenstellbar mit der Zeitrechnung auf Lombok, wo der Rajah auf seinem Lustschloss Gunung Sari oder Sahari (dem Blumenpalast) von den Nacktheiten der, balische Lebensscenen darstellenden Fresco — in einer, mit griechischer rivalisirender Naturwahrheit (der Beschreibung nach) — alles wegkratzen liess, was seinem keuschen Sinne nicht zusagte oder seinem „Moralitäts-Wahnsinn" (s. Jacobs).

Nirgends strenger als auf Bali und Lombok werden (nach altem Adat) Sittlichkeitsvergehen geahnt, so dass auch diese Inseln besser sein mögen, als ihr (unzüchtiger) Ruf. Die in Stein gehauenen Schildereien aus dem Geschlechtsleben dienen zu hygienischen Vorsichtsmassregeln, um die Schwangeren und Gebärenden gegen den Einfluss der (durch den Dukun bezwungenen) Dämone zu schützen, und zu welch' weitestem Umfang solche tiefnistende Vorstellungen aufwuchern mögen, zeigt das überall von den Tempelbauten herabgrinsende Gorgonenhaupt des „Waldherrn" Banaspati, die an den Buta Soengsan (mit dem Kopf zwischen den Beinen umgestürzt) angeschlossene Personificirung einer tödtlich verlaufenen Fussgeburt (und durch den ganzen Archipel schweift das Schreckgespenst Pontianak, als das einer im Kinderbett Verstorbenen).

In Tadjakoelan hatte sich, bei meiner Ankunft dort, eines jener Portenta ereignet, derentwegen auch zu Roms glorreichster Geschichtszeit die Göttertempel geschlossen gehalten wurden.

Der auf Grund der vom Controleur ausgestellten Empfehlungen citirte Punggawa erklärte demüthigst die Unmöglichkeit einer Besichtigung der Tempel, da das Land für einen Monat (und Ergänzungstage) unter einem Fluche läge, der es verböte, den Dewa's einen Besuch abzustatten. Eine Frau war während der Wehen gestorben und mit ihr das noch im Mutterleibe befindliche Kind, da man die Kunst des Kaiserschnitts nicht verstand, um sich etwa einen Caesar herauszuschneiden (für die balische Geschichte). Solch' ethnische Elementargedanken müssen um so emsiger in Behandlung genommen werden, je weniger sie damals in Beachtung gezogen wurden, als die von der Induction gestellte Vorbedingung einer thatsächlich gesicherten Unterlage der Studien noch nicht zur Empfindung gekommen war.

So bedarf es hier gleichfalls eines inductiv methodischen Studiums, zur Vergleichung der Differenzen, wenn uns überall eine stereotype Gleichartigkeit anstarrt, aus dem Vorstellungskreis, der durch die das Wochenbett bedrohenden Gefahren hervorgerufen ist, und auch hier bietet sich eine einschlägliche Gelegenheit das mit dem Fortschritt schrittweis geklärte Verständniss zu verfolgen, in den Stufengraden nacheinander.

Zu denjenigen Incidenzen des Lebens, die providentiell gefügt gelten mögen, rechnet sich gerne ein aus der Schulzeit eingeleiteter Verkehr mit einem gründlichsten Kenner des „philosophos" qua talis (der Scholastik), dem in der Lehre vom Menschen die zoopolitische Umkleidung bereits zur Empfindung gekommen war.

Durch die Empfehlungen eines Freundes an seinen Lehrer in der Universitätsstadt, konnten aus dessen liebenswürdiger Aufnahme weitere Belehrungen entgegengenommen werden, und war dies desto willkommner, um die in der jüngst geborenen Ethnologie embryonalisch geschwängerten Gedankenkeime seinem Urtheil zu unterbreiten.

Wohlwollend hörte er dem zu, was aus verschiedenen Theilen des Erdballs in kaleidoscopischen Wunderlichkeiten aufflickerte, sporadisch hie und da in Fragestellungen aller Art, die es für deductive Logik unter einen Hut zu bringen, eine schwierige Aufgabe gewesen sein würde.

Eines Tages waren die Azteken an der Reihe und ihre im Sonnenhaus ausgeschmückte Wallhalla. Die Seelen der auf dem Schlachtfeld Gefallenen — die von Apsara's [als (indische) Walkyren] zu Indra's Ritterburg geleitet werden (auf dem Meru) — begleiten den allmorgendlich aufsteigenden Sonnenball mit den Klängen kriegerischer Waffenschmucks hinauf zum Zenith, wo von Westen her mit Sang und Tanz, die Seelen der im Kindbett Verstorbenen entgegenkommen, um seeliger Umarmung sich zu freuen (im kurzen Moment der Begegnung).

Dann begleiten sie den Sonnenwagen abwärts, bis er niedertaucht in Nacht, und die nach Osten zurückgekehrten Kriegerseelen erwarten die Erneuerung des nächsten Tages (wenn Mexicos Bergesgipfel sich vergolden — durch Eos oder ihre indische Collegin).

Diese Auffassung gefiel. Der Frauen, die für das Vaterland gestorben seien, indem sie ihm einen neuen Weltbürger schenkten, wurde mit gleicher Belohnung gedacht, als derjenigen, die sich seiner Vertheidigung geopfert; oder der des Glaubens, im heiligen Kriege (als Sayyid).

Und so hätte sich dies in dichterische Verse bringen lassen, wie der (durch internationalen Verkehr erleichterte) Eindruck des in Buddhi Erleuchteten, zur Erleuchtung ein „light of Asia" anstecken zu können meinte, das indess nur den Verduselungen der Theosophisten Vorschub geleistet hat, da das religionsphilosophische System des Buddhagama erst durch schärfst vertieftes Detailstudium dem Verständniss sich öffnen kann.

Hier hätte ein protestirendes Veto eingelegt werden können, von den in Sanscrit und Pali geschulten Fachgelehrten, aber solche fehlten (zur erwähnten Zeit-Epoche) der (americanistischen) Ethnologie, die sich damals noch im Vorstudium des ϑαυμάζειν befand, dem Anfang der Philosophie (in der Peripatetik).

Das im Gedächtniss der Hinterbliebenen verbleibende Ab- (oder Nach-) Bild des Hingeschiedonen bekleidet sich mit den Erinnerungen an die während des Lebens stattgehabten Beziehungen, traulich befreundeten sowohl, wie eher vielleicht streitig feindschaftlichen.

Im ersten Falle wird der Verkehr für etwaige Unterstützung, die aus jenseitig gewonnenen Erfahrungen geleistet werden könnte, ein erwünschter sein, im anderen dagegen ein furchtsam geflohener, unter dem Schutz abwehrender Apotropaioi, wo sie sich bieten (zum Patronat).

Vornehmlich wird der Mörder von dem aus dem Blut seines Opfers aufbäumenden Erinnyen sich gepeinigt finden (vom Kunsina verfolgt), so lange (in Tempelreinigungen) keine Sühne eingetreten ist, für deren Zweck die Verwandten eine Pura Mijoe erbauen (auf Bali).

Auch aus den Aoroi, den unzeitig warmer Lebenslust Entrissenen, bildet sich leicht ein Schreckbild, da sie aus kalter Todesnacht zurückzukehren streben möchten, um wieder unter den Lebenden ein Aufenthaltsplätzchen zu suchen, durch Einfahren in einen lebendig noch pulsirenden Körper, sofern thunlich, mit schon vorhandener Seele zu fechten (oder sie auszutreiben), wenn selber nicht exorcisirt.

Nach Massenschlachtungen auf den Schlachtfeldern bedrohen deshalb Katastrophen, wenn die vorgeschriebenen Leichen-Ceremonien nicht sorgsam beobachtet sind, und wie die Melanesier den Verwandten das Begräbniss als heilige Pflicht auferlegen (s. Codrington), so bestrafte athenischer Gerichtshof die nachlässigen Admiräle, weil die Heimath (durch Epidemien) Gefahren ausgesetzt sei, trotz des Sieges (an den Aeginusen).

Bei den ehrungsvoll beeindruckenden Nachgedanken an diejenigen, die im Kampf für das Vaterland gefallen sind, sucht man ihnen das künftige Schicksal möglichst annehmlich zu gestalten,- durch die (einem ritterlichen Sinne angepassten) Freuden in dem Walhallen und Tawatinsen, und wird dann ein gewisses Sicherheitsgefühl darüber empfinden, dass die durch himmlisch höhere Seeligkeiten Verwöhnten die Irdischen in Ruhe lassen werden, ausser wenn von diesen selber etwa herbeigerufen, um in den Gliedern der Schlachtreihen mitzustreiten, im vordersten gleich Ajax, als Vorkämpfer (der Alfuren) oder die auf Wolkenfahrten herbeiziehenden Ahnenherrn der Bantu (und Szekler).

Die Rückkehr (in Revenants) wird besonders bei den im Wochenbett Verstorbenen nahe gelegt sein, da sie angezogen werden durch das hinterlassene Kindlein, das nach der Mutterpflege wimmert.

Und so überall schweifen Gespenster, gleich dem (malayischen) Pontianak, von den Bäumen herabschreiend, oder durch die Luft fahrend, wenn nicht durch Säbelgefuchtel fortgetrieben.

Da nun hier keine Böswilligkeit vorliegt, wie e. g. bei einem rückkehrenden Rachegeist (der durch den zur Wacht aufgestellten Schirmgott in rauhe Behandlung zu nehmen ist), sondern vielmehr ein sympathisch anziehendes Motiv, sucht man auch diesen heimathslosen Seelen ein liebevoll ausgestattetes Heim zu bereiten, und mag sie dann, wenn ein besonderer Himmelsabtheil dafür fehlt, in dem für die Kriegerseelen bestimmten einquartiren, zusammen mit ihnen, für gemeinsam himmlischen Genuss (wie in Anahuac).

Im Asaheim fand sich, unter Gefion's Aufsicht ein Lustverbleib für die, vor ehelichem Bündniss abgestorbenen Jungfrauen, damit sie nicht (wie vielfach anderswo) an den Kreuzwegen tanzen (zum Todtentanz des Bräutigams).

Durch Hineinwachsen in die Cultur wird dem Kinde (der Civilisation) durch den Unterricht suggerirt, und später noch mag gläubigen Gemüthern durch den Guru imponirt werden, im geistigen Uebergewicht eines „Stärkeren Rechts". Auch wenn man klug geworden, dem Guru oder Meister — der (weil selbst ein gebrechliches Menschenkind) als Blinder nur die Blinden, umherirrend, führt — nicht länger, als infallibel, zu trauen, lässt Mancher von Gedankenlesern sich hänseln, unter Vergeudung von Zeit und Nervenkraft.

Practisch nützlicher wäre es, die Suggestion statt aufs Gerathewohl im Psychischen damit zu dabbeln, zurückzuführen auf physische

Functionen (für hygienische Zwecke), denn auch im Uriniren wirkt eine Suggestion oder in der Darmentleerung, wie beim Zeugungsact (in höchster Potenz), sowie auf Regulirung des Athmens, die sich dann excentrisch wieder steigern lässt in Übungen der Yogi (für theosophischen Blödsinn). Die Errungenschaften cultureller Civilisation sind nicht in willenloser Aufnahme, sondern aus den Aufgaben des logischen Rechnens zu assimiliren.

„Whatever male or female follower of mine is able to realise the impermanence of the five skandhas, he or she has arrived at the condition of permanence" (s. Beal), belehrt Gotama Batara (den Brahmatchari Banta), betreffs Nirvana's (als Asangkhata-Ayatana).

Die „Ewigkeit des Lauts", wodurch, wie die Veda, der Koran mit heiliger Infallibilität bekleidet wird, gehört als Aromanas des Gehörs (für Auffassung des, aus einem Bythos [von einer anima mundi] redenden Logos) dem Aether als Akasa, nachdem abdestillirt aus unsichtbarer Luft, als Aromana des Geruchsorgans, dessen caninischer Spürsinn eine Riechseele herausgewittert hat (zum Geschäftsvertrieb der auf anthropinistischer Preisliste verzeichneten Heilmittel).

Berg, Fluss und Wald steht vor den Augen, malt sich in ihnen ab, aber nicht gedacht im Eindruck des Landschaftsbildes, da eine andere Welt das innere Auge umgiebt, Kriegszügen folgend vielleicht, auf entfernten Gefilden, oder Handelsfahrten über weite Seen (und sonstwo schweifend).

Auf der der Retina eingefügten Camera obscura sieht sich nur die umhergetragene Umgebung, aus Scenen des Makrokosmos, der, obwohl von Kindheit an vertraut, ein fremdartiger bleibt, bis durchleuchtet mit dem im Mikrokosmos entzündeten Licht (für soweitiges Verständniss).

Aus den Erscheinungen äusserlich umgebender Natur redet, was darin waltet, um durch seine Sprache mit denen der Wortschöpfungen sich zu verständigen, deren Antwort zurückhallt auf das im Wesen der Gesellschaftsschichtung im eigenen ein Selbst erkennende (wenn die Persönlichkeit zum Abschluss gelangt).

Wenn Krishna die Blume, ist Arjuna der Duft, wenn das Feuer die Flamme (wie die Sonne Eins mit ihren Strahlen, in Eklampsis), und tritt der Dritte im Bunde hinzu [mit (spirituell) männlich gewandelter Sophia], folgt die Einheit der Tri Kaya (sofern „Omne corpus").

Auf den Stufen oder Manasil (Shariah, Tariqah, Manifah und

Haqiqah) entspricht Shariah der Menschlichkeit (Nasut), Tariqah der Engelheit (Malaquit), Manifah der Kraftbethätigung (Jabrut) und Haqiqah der (fana oder) Absorption (einer Atma in Brahma), bei mystischer Versenkung (oder Berauschung durch Zikr), während der Weg (Tariqah) den [Salik (der Sufi) oder] Arhat auf den Megga (durch Bodhi) zum Nirvana führt (in Transcendenz).

Seit die inductive Forschungsbahn betreten ist, lösen sich derartige Fragen nach nüchterner Rechnungsmethode (bei Vervollkommnung derselben, zu einer höheren Analysis).

— — — —

In seine Gesellschaftswesenheit hineingewachsen empfindet das [zu selbständiger Integrirung (seiner Persönlichkeit) noch nicht gelangte] Zoon politikon überall (bei socialer Unbefriedigtheit über rechtlich nicht ausgeglichenen Verschiedenheiten) das Bedürfniss einer Stützung durch individuell zugelegten Stab; eines Padanda (oder Stabträger) aus dem Bhagawan Vyasa redet (mit Siva's Autorität).

Zunächst sind es die Schirmgeister, die Schutz gewähren mögen (wenn aus Erinnerung an verwandtlich Abgeschiedene entnehmbar, vornehmlich), und dann, nach mythologischem Ausbau des Mundus, können die dämonisch verklärten Dewa hoffnungsvoll zulächeln, dem ihrer Gnade vertrauensvoll sich Hingebenden.

Wenn indess die legendenartigen Cherita's in ihrer Nichtigkeit erkannt sind, und frühere Glaubenspfeiler zu wanken beginnen, dann bleibt kein anderer Anhalt als dem durch Alterserfahrung oder geistigen Umblick (in Heiligkeit) hervorragenden Mitmenschen (wissenschaftlicher Autoritäten) seinen Heroendienst zu zollen, oder eine gläubige Hingabe wiederum an den Guru (aus Batara Guru's Höhen auf Erden wandelnd).

Und so beweist sich „de behoefte aan menschenvereering" (im Hadhramant). Een Sajjid behoeft zich daar slechts te onderscheiden door een byzonder droomleven, door zonderlinge gewoonten, of zelfs door krankzinnigheid om in grooter of kleiner kring voor eenen heiligen te worden gehouden. De zulken worden dan voorwerpen van eerbiedige vrees, wier zegenbede heil, wier toorn rampen brengt. Men doet hun geloften, schenkt hun van het beste, dat men heeft, verheft hen bovende zorgen van het dagelyksche leven. Reeds by hun leven vormen zich omtrent hen legenden en hunne laatste rustplaatsen worden het doel van veeler bedevaart (s. Snouk Hurgronje).

Mit hohem Alter wächst der Greis in die Sphäre der Anitu (bei den Tagalen) hinein, unter Nitu (indonesisch).

Mit der Erinnerung (unter sprungweiser Ueberbrückung ausfallender Lücken) knüpft sich aus einheitlich [von der Wiege (oder doch vom Pubertäts-Erwachen) an] fortgeführtem Strang das Persönlichkeitsgefühl zusammen, in psycho-physischer Hälfte (für somatische Individualität).

Solch', aus den Speichern des Gedächtnisses gespeiste, Erinnerung erweist sich indess nur als träumerisch dunkel auf irdischem Lebenspfad herabgeworfener Schatten dessen, was auf poetisch geistigen Regionen des Denkens That geschaffen und vollzogen hat, ohne unter der überstrahlenden Blendung zündender Gedankenblitze sein eigenes Werk umgreifend zu verstehen, weil erst allmählich das Geistesauge (einer „Visio mentis") daran gewöhnbar sein wird (nachdem dauernd abgelöst von seinem somatischen Anhängsel).

Auch im psycho-physischen Individualismus bereits (den Functionen zoologischer Animalität gemäss) bethätigt sich eine Erinnerlichkeit aus gewohnheitlich vertraut gewordenen Reactionen in Beantwortung sensualistisch einfallender Reize durch dementsprechend combinatorisch angelegte Muscular-Actionen, wie der „Ratio essendi" entsprechend bedingt (zum Lebenserhalt).

Von dieser an die Wechselbeziehungen mechanischen Umlaufs festgebannten Reproduction erinnerlicher Erfahrungen differencirt essentiell diejenige, welche nachdem auf gesellschaftlicher Sphäre die Constituirung des zoopolitischen Individuums sich vollzogen hat, von ihm, bei beschaulicher Rückkehr zu den Stammeswurzeln seiner psycho-physischen Individualität, dieser hineingebracht wird, als verhängnissvolles Festgeschenk aus höheren Regionen, wo das, was bildlich auch dort mit dem Wortausdruck der Existenz bezeichnet werden mag, Raum und Zeit überdauert, weil von ihren Schranken, an sich bereits, befreit (in der solch Seiendem congruenten Lebensthätigkeit).

Wer in traulichen Gefühlen, wie aus verwandtschaftliche Banden quellend, wer in Erfüllung der durch sociale Pflichten auferlegten Arbeiten, wer in dem Aufschluss wissenschaftlicher Probleme eine bleibend höhere Befriedigung findet, als in dem kurzen Kitzel sinnlicher Genüsse, dem wird ein seelerisch seelisch erhöhtes Schwelgen dann bevorstehen, wenn nicht länger durch die Störungen aus leiblichen Gebrechen bedroht, wie sie mehrweniger stets zur Empfindung gelangen mögen, solange die Abtrennung vom Körperleibe noch nicht vollzogen ist.

Das Wie? Wann? Wo? in mythisch eschatologischen Ausmalungen bleibt dem Sphärensang kosmischer Harmonien überlassen, unter den dort durchwaltenden Gesetzlichkeiten, von denen auch das Denken sich beherrscht findet, wenn mitwirkend eingefügt (durch demgemässes Verständniss).

Als Humboldt's Kosmos auf der Tagesordnung stand, und nun die Fragen sich stellten, wie dieser Einblick in die physische Weltordnung, der seine Grenzen nicht „überschreitet" (nach dem Schlusspassus), hinüberzuführen sei in psychisches Bereich (mit Behandlungsweise der Psychologie nach naturwissenschaftlicher Methode, auf Basis der ethnisch hinzugetretenen Belagstücke), meinte ein Interpellator: das sei alles recht schön; aber wie sollen unsere Torfbauern von den Harmonien des Kosmos leben oder sie verstehen? So wenig wohl wie die Ohmischen und Ampèreschen Gesetze des galvanischen Stroms etwa, die vielleicht auch wir beide nicht voll verstehen, Sie und ich. Trotzdem vermag über den Allgemeinbegriff der (ohnedem auch schon vom Laien nützlichst verwerthbaren) Electricität genugsam verdeutlicht werden, durch das was in der Civilisation die Gemeinbildung ermöglicht, und das Detail bleibt dann den Fachleuten überlassen unter Theilung der Arbeit zum Zusammenwirken in der Gelehrten-Republik, unter Ernährung sämmtlicher Gesellschaftsschichtungen (ihren Unterschieden entsprechend) aus dem thatsächlich angesammelten Material (genugsam für Alle).

———

Soweit er die Hälfte der Lebenszeit nicht „verdehnt in Ruh", beansprucht den Wilden sein Tagewerk zur Beschaffung des täglichen Lebensunterhalts, und auch wo die Natur ihre Früchte schenkt, hört man in den Gebirgsdörfern, wie das Stampfen des Reis (auf Java), das des Djagung, die ganze Nacht hindurch (bei den Tenggerezen), unter Ablösung der Arbeiter, bis in den Tag hinein, wenn die Feldarbeit beginnt, so dass (obwohl nun Unterbrechungen im thätigen Nichtsthun folgen) die Längen der Nacht und des Tages dazu verbraucht werden, um (für viertelstündlichen Genuss oder noch kürzeren) das kleine Schüsselchen herzustellen, mit dem 2 oder 3mal im Umlauf von 24 Stunden der Wanst mit leiblicher Speise gefüttert wird.

Auch der Handwerker und Kaufmann verbringt den zeitlichen Zwischenraum vom Morgen bis Abend mit Beschäftigungen, die in der Hauptsache auf Speise und Pflege des Körpers abzielen, und wenn bei angesammeltem Ueberfluss erlaubbare Musse zu der Empfänglichkeit für übersinnliche Genüsse verfeinert, dienen auch die Kunstgebilde passiv nur zum Unterhalt (oder zur Unterhaltung).

In geistiger Anlage indess liegen entwicklungsschwangere Keime begriffen, um das, was an Leiblichem unter mehrweniger verschiebbaren Umrissen bereits sich ausgestaltet findet, (kraft activ eigener Schöpfungskraft) zu neu gebildeter Wesentlichkeit zu entfalten (auf Sphären der Gedankenwelt).

Die physiologischen Prozesse verlaufen gleichmässig fort, unter Störungen freilich oft genug, aber doch nach fest geregelten Functionen auf die ihnen gestellten Aufgaben hin, in Respiration, Digestion und Assimilation der von aussenher aufgenommenen Substanzmittel daneben. Nur in dem mit den Fühlfäden der Sinnesorgane umhertastenden Haupttheil des Körperleibs, wirrt es regellos wild-bunt durcheinander, mit Figuren, die auftauchen und gaukeln, die sich abspielen und kreuzen, mit Stimmen vernehmbar, bald so, bald so, in halbträumerischem Zustande

Es ist das der in die Gesellschaftsschichtung hineinragende Ausverlauf des psycho-physischen Individuums, das sich aus dem Chaos der Wortschöpfungen noetisch zu entfallen hat, so oft eine ordnungsgemäss zündende Gedankenthat hervorblitzt (in Vollmacht ihrer Beherrschungskraft), aus chaotisch gährender Mutterlauge herauskrystallisirt (zum selbständigen Bestehen).

Wer im Rückblick auf das hingeflossene Leben mit innerlicher Befriedigung, — die im kleinen Kreise, für die Mehrzahl, leichter herzustellen ist, als im gross-weiteren — aus dem Leiblichen abscheidet, der reift zum Genuss der in ihm vollgereiften Früchte. Von einem Fruchtbaum wird der Kenner die prächtig anlachenden Früchte auswählen, im Vorzug der dürr verkrüppelten, und hier unter seinen eigenen Schöpfungen liegt in des Denkens eigener Hand die Wahl, wie mit der Persönlichkeit stimmend, die aus (und innerhalb) gesellschaftlich zeitgemäss zugehörigen Kreisungen zu selbständiger Bewusstheit gelangt ist (für Abfindung mit sich selbst).

In der aus ihrem Untergang (nach Zeitrechnung der Karma) wiederentstehenden Welt, ist die Neubelebung all derjenigen Wesen eingeschlossen, welche ihre alte „Schuld" (in Jataka) noch zu büssen haben, während die Bewohner der Dhyani-Höhen von Reincarnationen in niedere Kreisläufte (sofern sie nicht durch Neugier der Abhassara etwa hineinverstrickt worden) bereits befreit sind, und Brahma's Herabsinken an der untersten Grenze zum Halt kommt.

Alles darunter jedoch beginnt (vor seinen Augen) aufs Neue zu rollen, die ganze Bunt-Welt der Götter also (in den Dewaloka), bis zum Thronsitz auf den Meru hinab, und an den Abhängen desselben mit allerlei dämonischen „Jin" zusammentreffend, sowie auf Djambu Dwipa vor Allem mit dem Menschen und dort sonstigen Geschöpfen (als Butas in Einkörperung verschiedener Art).

Alles und Jegliches also findet sich mehrweniger sündhaft tingirt, weil die von jedem Schuldrest bereits geläuterte Heiligkeit überhaupt nicht wiederscheint [obwohl noch auf und niedersteigend, (je nach Meditationskraft der Brahmayika) ehe die Megga erlangt sind].

Da in solcher Sündenbrut der Buta die Meisten feindlich bös gestimmt sein müssen, werden sie so in menschlicher Auffassung empfunden, und auch die Dewa treiben noch im Spiel ihrer Leidenschaften, obwohl sie, bei Veredlung derselben, sich, den Menschen zum Schutz, in Rakhasas (zum Bezwingen der Buta) wandeln mögen, und sich ihnen schon deshalb geneigt erweisen, weil unter dem Menschengeschlecht auch Kalyanaphuttayana stecken, mit übernatürlich steigerbaren Kräften, von Abhassara her vererbt, die an sämmtlichen Dewa-loka vorbeigeschossen waren, um auf Djambu-Dwipa zu landen (und dort mit den Andhaphuttayana zusammenzutreffen).

So erklären sich die, im mythologischen Ausbau des Buddhagama vertheilten Rollen, eine jede an ihrem Platz. Indra obwohl entthronbar durch fromme Busshelden, wird, solange er sein Königreich (und den Vajra) bewahrt, als werthvoll willkommener Bundesgenosse betrachtet werden, wie die Kriegsleute, die aus der Wahlstatt in seinen Hofstaat (Tawatinsa's) eingehen, die Pitra ruhen friedlich in Yama's Schooss (nach altem Brauch), die durch tagtägliches Lesen des Tripitaka in Mildigkeit mürbe gemachten Insassen Tuschita's blicken freundlich dem Menschentreiben zu, und wenn Mara dasselbe mit scheelen Augen betrachtet, muss das den Verlusten zu gut behalten werden, die in Entvölkerung seines Machtbereiches ihn bedrohen.

Im Uebrigen verläuft Alles in striktester Ordnung, da das

Karman nicht mit sich feilschen lässt (unter fest geregelten Gesetzlichkeiten des Dharma).

Was hier einige Störungen hineinbringen mag, sind die Prätensionen solcher Kalyanaphuttayana, bei denen (aus Anamnese) die Erinnerung an höheren Ursprung gewaltsamer zum Durchbruch gelangt im Stolz erhabenen Kastenranges, wie er dem Byamha an sich ohnedem zusteht, unter (des Pali-Textes) Andhaphuttayana, die (in Birma) aus Gräsern und Kräutern hervorgewuchert sind, zur weichen Unterlage des goldenen Fusses (der sie zertritt).

Weil die Dewa weit überragend, ist mit diesen fertig zu werden, ein Kinderspiel für die in Dhyani-Uebungen (bis zum dritten Ordensgrad) perfecten Bramayika, aber nachdem Indra von seinem, (gelegentlichen Aufglühens wegen ungemächlichen), Thronsitz herabgedrängt ist, fühlt sein Besieger, ihn selber einzunehmen, kaum grosse Lust, (ausser wenn etwa durch das Eifern gegen Trunkenheit — der Suren (oder Asuren) — dazu sich veranlasst findend (gleich Maga).

Nachdem also der Heilungsprozess des Yogi in Schuss gerathen ist, mit aufwärts emporgerichteter Tendenz, schnellt er rasch an allen Dewaloka vorbei, darüber hinaus, auf Seeligkeitsschichten oberhalb hin, und auch die nächst erreichte, in Brahmaloka, kann nicht mehr (und noch nicht) genügen, weil erst auf unterstem Grad, im Ordensrang vierter Klasse, bei umgekehrter Zählung (nach der der Dhyana-Terrasse zuertheilten Numerirung).

So hat sich für die, in Verfeinerung der Sukshma Sarira an der Hauptader ausfahrenden Atma (der Vedanta) eine entsprechend neue Einbehausung zu erweisen, und weil aus Sivadhvara, dem an der Fontanelle geöffneten Thor, hervortretend, geht sie ein in Sivaloka (der Pandanda Siwa).

Da es mit solch' willkürlich gekünsteltem (oder erklügeltem) Ausbau des Universalsystems, das den nach Akanischta noch zurückzulegenden Wegrest Niemanden erspart, wacklicht bestellt ist, werden ihn die Buddhisten unbekümmert seinem eigenen Zusammenbruch überlassen dürfen, aber dennoch, solange die Dauer dieses Machwerks vorhält, vermögen die Brahmanen praktisch brauchbare Dienstleistungen daraus zu entnehmen, um geistige Potentialitäten, bei denen jeder Verbindungsfaden mit dem Irdischen längst abgerissen sein sollte, für ceremonielle Rückwirkungen (die bei vedantisch völliger Absorption geblieben wären) zu verwerthen, wie bei Weihe des (Weihwassers oder) der Toya thirta z B., das bei solch unschätzbarer Preisschätzung demgemäss hoch im Preise steht, und (auf Bali) die hauptsächlichste Einnahme bildet (unter den priesterlichen Emolumenten).

Solche Vortheile konnten den buddhistischen Rivalen nicht entgehen, und so wussten auch sie Mittel und Wege zu finden, Aufspeicherungen von Buddhakraft (für etwaigen Bedarf, ehe dem Hinsterben zur Verflüchtigung gefolgt) in Dhyanaloka (wie in Auswahl zur Verfügung standen) einzuschliessen, und hat sich hierunter besonders Amitabha's westlicher Himmel profitabel erwiesen (in weitester Kundschaft).

Hier in mahayanistischer Erweiterung des Hinayana, hat sich die Einfügung in das System, dem Grundplan desselben entsprechend, vollzogen; und konnte somit eine Stütze sich bilden für populaire Propaganda, während die Einwirkung brahmanisch mystischer Secten über den Einzelnbereich pietistischer Conventikel selten herausgereicht hat (auf längere oder kürzere Dauer).

Mit dem aus des Spiegels Spiegelungen gespiegelten Spiegelbilde in Eklampsis, bei (der Sonne) Ausstrahlung (und Rückstrahlung), allegorisirt sich (dem Sufi des Islam) die (mystische) Einigung in des Wassers Aggregatzuständen (bei Verdampfung und Coagulation, auch) als Eis und Schnee, oder (vor Zutritt eines Spiritus Sanctus, zum dritten im Bunde) in Zweiheit (ehe bis drei gezählt werden kann) in der Woge und spritzendem Gischt, um die Einheit herzustellen zwischen Diener und Herrn (Kawul-Goesti), bei Einheitlichkeit des Handelns und der Person.

Die Persona repräsentirt die Maske (Prosopon), unter welcher die Persönlichkeit des Andern der eigenen erscheint, bei seelisch gleichartig unterliegender Wesenhaftigkeit, so dass die äusserlich ändernden Wandlungen unter solchem Grundton wiederum verklingen (oder entschwinden).

Wenn bei einem, zur Weltschöpfung (der Brahmanen) dargebrachten Opfer (makrokosmisch erweiterter Körperlichkeit), die Anima (mundi) durchwaltet, mag ihr der Animus — auch in China (s. Eitel) — sich einen (wie im Leibe schon vermählt).

Während die vedantische Atma von Brahm absorbirt sich findet, wird des Yogin frei gelöste Seele zu seinem (oder ihrem) Iswara geführt, und dem durch Dhyana-Uebungen Befreiten ist (in der Tri-Kaya) die Leiblichkeit vorgesorgt, da der irdisch vergängliche

Nirmana-Kaya dem im Glanz erstarrten Sambhoga-Kaya zugehört (aus des Dharma-Kaya Reflex).

Allah napa nama napa roepa (auf Java) und wenn Allah nur Name, fällt die Gestalt (Rupa) aus (in der Persönlichkeit).

Wenn aus Maya's Mutterleib geboren, die Epiphanie des Buddha (aus Tushita herabgestiegen) auf Erden erscheint, spricht, was geschlechtlich gezeugt war, ebensowenig mit, wie bei den durch Karma bedingten Seeleneinhausungen überhaupt (ohne den, die Eltern mit dem Kind traducianistisch — des Vorfahren „Spirit" im eigenen (b. Choo-he) — verknüpfenden Faden), und wenn Batara Brahma auf dem (für Jamos durchpflügten) Ackerfelde schwängert, remplacirt sich Ken Angrok's Seele, wie vom Guru (oder Buddhajanga erkannt), durch die des Gottes Vishnu in seiner Incarnation (von Batara Guru zur Sohnschaft adoptirt).

Das kommt dann auf vulgäre Besessenheiten hinaus, und wenn untergeordnete Geisterlein, mit deren Beherrschung der in Giling Wesi (als dort die Menschheitsgeschichte zu beginnen hatte) abgesetzte Himmelskönig betraut ist, solche Freiheiten sich erlauben, können sie exorcisirt (und, sofern widerspenstig, schmählich hinausgejagt) werden (kraft der, zur Bannung, durch die von ihrem Gebieter übertragene Gewalt), wogegen wenn die Gottheit selber einfährt [temporär (zur Inspiration) oder dauernd], sie respectirt werden muss.

Alles das ist so durchscheinend klar (verblüffend geradezu, wenn nicht durch die Lehre von den Elementargedanken darauf vorbereitet), dass die Einfachheit nur desbalb nicht gesehen wurde, weil man reinweg hindurchsah, und an Stückwerken stecken bleibend, Schwierigkeiten simulirte, wogegen anrennend, im Kopfzerbrechen, die gesunde Vernunft (im „common sense") zu Grunde ging („ad absurdum" geführt).

Die Mystik repräsentirt entsprechende Phasen in menschlicher Culturgeschichte, die unter variirt gefärbten Versionen überall und immer wiederkehrend, ihren Keimen nach in primitiven Vorschichtungen bereits eingebettet liegen.

Wie jeder Religionsstifter hat auch der Nabi (oder Rasul-il-Allah) des Islam die in Communication mit der Gottheit empfangenen Offenbarungen aus seiner Mystik nervöser Veranlagung sich geschöpft, aber dieselbe, zur Zügelung roher Beduinenstämme, mit so starrem Gesicht hingemalt, dass die Wahdaniah anzunähern die Sufiyah sich abgeschreckt gefühlt haben müssten, wenn nicht durch persische, syrische, indische

Anmuthigungen aufgemuntert, in mystischer Versenkung zu suchen, was Ghazzali in philosophischer Zerlegung unzugänglich fand.

In dem unter feinstgeschliffenen Subtilitäten dünner verdorrt austrocknenden Scholasticismus schwoll dennoch die Mystik der Victorianer, in quietistisch nachfolgenden Ausbrüchen mit theosophischen Ausschweifungen allerlei Art, bis der letzte Spiritus verdampft war, bei den Spiritisten („lucus a non lucendo").

In brahmanisch-buddhistischer Mischung lassen sich spätere Modificationen auf Patanjali's Yoga zurückführen, für mancherlei Schulen und Ausbreitung weiter (nach China und Japan).

Nach den Mandala der Chorten „en miniature" parallelisirt sich der Tempelbau Mengun's mit dem Boro-Budor's, da soweit architectonische Ausgestaltungen gelten, das normale Niveau (im Hinayana) ein gleichartig deckendes, weil noch nicht excedirt durch die Muhajanisten, die sich darüber zu erheben meinten, aber nun (aus Arupaloka) desto abrupter hinabstürzen in unterste Tiefen, seit dogmatischen Feststellungen auf Kanischka's Concilien.

Von derartigen Daten und dadurch gebotenen Folgerungen — wie sie (das für Detailkenntniss ausreichend erforderte Material vorausgesetzt) in correspondirend rationelle Gleichungsformel gebracht werden können — abgesehen, entbehrt das Studium der Mystik ausnutzbaren Interesses, da es stets auf dasselbe Geleier hinauskommt, nur modulirt nach dem Echo aus hohlen Worthülsen, bei denen nichts weiter hervorzudreschen ist, nachdem durch philologisch geätzte und gewetzte Kritik ausgesogen, was Saftiges darin versteckt geblieben sein sollte.

Und so in den Wüsteneien des Symbolismus, wenn rhapsodisch abgerissenem Gefetz nachgehetzt wird, „brought to Greece and Rome" von Aegypten und Chaldaea „From whom did the Egyptians and Chaldaeans receive them?" oder die Brahmanen, als Lehrer der Magi? und so von einem zum andern, bis es akkadisch redet in Sprache der Maya (in Uxmal's Sanctuarien) am „birthplace of the ancient sacred mysteries in the lands of the West", obwohl, da die Erde rund, ein Weiterverfolg des Weges von Westen nun zurückführt (nach Osten, oder wie es sonst beliebt). Und dorthin wird zugleich der „origin of Free Masonry" verlegt, zurückdatirt: „From period far more remote, than the most sanguine students of its history ever imagined" (s. Le Plongeon), die sich aus Nachbarschaft der Meda-Ceremonien oder durch nigritische Egbo-Orden darüber belehren lassen können, wie die von Salomo's Tempelhüter mit Keulenschlägen Betäubten im Kakian-Haus von blutbefleckter Lanze sich bedroht finden (in Ceram) für das Begraben bei senegambischen Belli-patti und Wiedergeburt (der Dwiya) zum Auferstehen, mit der Aussicht auf bunt angehängtes Geflatter von Cotillon-Orden (auf schottischen Stufengraden).

Soweit aus dem Maschennetz chaotisch allgemeiner Durchgährungen Einzelfäden sich hervordrehen lassen, um die Freimaurerei mit einem specifischen Charakter zu bekleiden, liegt der Hergang im recent modernen Licht offenkundig auf der Hand, und auf das Wohlergehen der Mitmenschen gerichtete Bestrebungen verbleiben lobenswerth zumal in einer socialistisch zerrissenen Zeit, obwohl es dafür nicht gerade eines geheimnissvoll umständlichen Apparates bedarf, wobei durch den Vorantritt der Eingeweihten die Gleichberechtigung ohnedem sich wieder gestört findet.

Hier kann nutzlos viel Zeit und Geld verschwendet werden, denn nirgends mehr ist die Frage nach dem „Cui bono"? am Platz, als bei diesen „ancient sacred mysteries" (mit oder ohne Maurerei).

Als der Wolfenbüttler-Fragmentarist (oder sein Ungenannter) durch die masonischen Geheimnisse geführt war, wurde vertraulich die Frage an ihn gerichtet, dass er Verdächtiges doch wohl nichts gefunden. „Nein, freilich nicht, denn dann hätte ich etwas doch gefunden gehabt" (war die Antwort).

In symbolischer Vorstufe der Schrift sammeln sich die Texte der Wildstämme in musealen Sammlungen, für ihre Anordnung auf inductivem Forschungsweg. Auf deductiv schwankendem Wolkenkahn indess die mächtig bäumenden Wogen des Geschichtsstromes zu durchfahren, ist ein allzu kühn gewagtes Unternehmen, um nicht baldigst Schiffbruch zu leiden, und es bleibt wenig Hoffnung für unbeschadetes Ueberbringen eines in Kästchen phönizischer Gedankenhausirer verpackten Symbols, wie es der Schuljunge auf seine Schreibtafel kritzelt, zweistrichelig im „symbol of hidden wisdom", oder gekreuzt (und gehakt noch dazu), dreigestrichelt im Dreieck, oder vierfach auch (in „rectangle") ohne zu wissen: „that it represented the Universe" (wie erst in übergeschnappter Weisheit sich enthüllt).

Anderseits sind gerade hier vielversprechende Perspectiven eröffnet, wenn für eine „Grammar of ornaments" die naturgemässe Unterlage sich breitet in den Anfängen der Kunst, und bunt mannigfaltig die ethnischen Elementargedanken entfaltet stehen (in den Blüthen national schmückender Culturschöpfungen).

Da die aufrechte Stellung des Menschen nicht, wie das pflanzliche Wachsthum nach oben, durch Rückhalt an der, der Erde eingeschlagenen Wurzel, gestetigt ist (der niederziehenden Schwerkraft zu widerstreben), muss die dazu befähigende Elasticität muskulärer Gliedermassen, im stetig gleichgewichtigen Balancement um gemeinsamen Schwerpunkt erhalten werden durch eine psychische Energie, die — bei hilflosen Säuglingen, mit dem Sehenlernen (wenn nicht mehr nach dem Mond greifend), zu ersten Gehversuchen entwickelt — das (animalisch) physische Leben von vornherein zu einem seelischen macht, vornehmlich das anthropinische, während bei dem zoologischen der Quadrumana vier Stützpfosten gegeben sind, die auch beim Stehen ausruhen lassen.

Diese aus den Sinnenthätigkeiten entsprungene Willensrichtung greift auch in die Nutrition-Functionen des Organismus mitbedingend ein, bei den Entleerungen des Intestinaltracts periodisch und continuirlich bei der Respiration (ununterbrochenen Ein- und Ausathmens).

Hier deshalb, wenn die Volition, vom Körperlichen abgewandt, auf den Fortgang zu ihrer psychischen Entelechie hingerichtet ist, muss die Mitwirkung mechanisch (unbewusst) geregelt werden, um das geistige Schaffen ungestört zu lassen, in den Vorbereitungen zur Meditation (oder den excentrisch gesteigerten der Yoga).

Der Mystiker schwelgt dann fort in dem psychischen Rausche der ihm in Friedensruhe umfassenden Atmosphäre, um freilich gar bald wiederum daraus zu erwachen, und sich dann nichtig fühlend, wie zuvor, oder schlimmer (im Katzenjammer).

In gesund normaler Contemplation dagegen wird durch die Athmensregulirung eine hypokeimenisch potentiell schwellende Unterlage gebreitet, worauf die noetisch geschwängerten Keimungen zu organischem Emporwachsen ansetzen, um in ihren Denkblüthen sich zu entfalten.

Das Denken weilt dann in einem immateriellen Bereich, womächtige Anregungen (den, aus tellurischen Empfindungen, angewöhnten fremdartige) von allen Seiten zuströmen, und um nun hier, im Durcheinanderspiel kosmischer Kräfte, nicht im wüsten Taumel (metaphysischer Speculationen) fortgerissen zu werden, benöthigt sich aufs Neue, unter den Schwankungen um centralen Schwerpunkt, ein innerlich gestetigtes Gleichgewicht zu erhalten, kraft rationellen Verständnisses harmonisch zusammenklingender Gesetzlichkeiten, wie durch das logische Rechnen erforsch- (und berechen-) bar, nachdem dasselbe nach derjenigen Rechenkunst geschult ist, welche die Erlernung der vier Species (und das Einmal-Eins) zur Vorbedingung stellt, vom Anbeginn ab, in den Elementargedanken (und Kenntnissnahme dessen, was sie zu lehren haben).

Die Sonnenverehrung, als „l'origine des cultes" gefasst, stellt den Hausbau auf den Kopf (beim Beginn vom Dach), indem der tagtägliche Himmelskörper aus vertrauter Einförmigkeit, wenn nicht überhaupt unbeachtet bleibend, eher dem Volkswitz verfällt, oder durch die, dem Inca angeregten, Zweifel auf Höheres über sich selbst hinausführt.

Der solare Cult, im festen Systemschluss, bezeichnet eine genau bestimmbare Phase in geschichtlicher Lebensentwicklung der Menschheit, die (obwohl unter historisch-geographischen Bedingungen verschiedentlich gefärbt) aus psychisch gleichartigen Veranlagungen (der Elementargedanken) sich hervorgestaltet hat (in dem dafür angezeigten Stadium des Wachsthums).

In Anlage psychischer Constitution liegt es begründet, dass der aus dem Geträum dunkeler Nacht mit Dämmerungsanbruch eines neuen Morgens neu zu seiner Lebensthätigkeit erwachende Denkgeist, sich wiederum zusammensammelnd, seine Erfrischung sucht, in frischer Luft, beim Austritt aus der Hütte [wenn der Samojede den (ihm Erwärmung verheissenden) Lichtball beim Aufsteigen begrüsst], oder durch frisches Bad zur Reinigung für den Brahminen, der dann die an Surya geweihten Mantra murmelt, ihn zu ehren und, durch solche Verehrung vielleicht, allzu drückende Erhitzung zu mildern, derentwegen die trotzigen Ataranten ihre Pfeile gen Himmel schossen.

Der gütige Charakter eines Vaters macht sich besonders auf klimatischer Zone der Sierra, im wohlthätigen Einfluss fühlbar, während unter tropisch höheren Wärmegraden zugleich die zornigen Wandlungen ihre Beachtung forderten (für entsprechende Versöhnung).

Bei fortschreitend einsetzender Richtung zur Speculation ergiebt sich die befruchtende Kraft des Himmelsherrn, die Erde (als Papa oder Gäa vermählt) mit Regen sprenkelnd (für ihre Befeuchtung), und leicht folgt dann die weitere Begabung mit alldurchdringender Lebenswärme (im stoischen Urfeuer), den Character der Gottheit zu zeichnen (als eine „anima mundi").

Der Australier (um die Bemühung des Reibens zu sparen) lässt den glimmenden Feuerstock nicht erlöschen, wie das Feuer (der

Damara) von einer Jungfrau (im Tragbecken) gehütet wird (in Vesta's Tempel, oder dem der Sonne in Cuzco).

Hier liegt der psycho-ethnische Ursprung des (je nach seinen geographisch-historischen Bedingnissen verschiedentlich gefärbten) Feuercults, wie der solaren Verehrung in allmorgendlicher Begrüssung und abendlicher Verabschiedung der (auch am Zenith für Tagestheilung verwerthbaren) Sonne, und für den (in wüsteste Phantasiegebilde auslaufenden) Schlangendienst ist die Wurzel ebenso einfach blossgelegt, wenn der inductive Weg zu den Proben gelangt, welche der (wegen nervös erregbarer Constitution) zu Hülfe gegen die [besonders in (gefährlichen) Thierformen wandelnden] Bösgeister berufene Beschwörer abzulegen hat, mittelst der (schon dem Jongleur leichtesten) Zähmung der (schreckbar gefürchteten) Schlange, während die ernstere Erprobung durch den Tiegerkampf (in den Anden) ihre Narben zurücklassen mag (in sacerdotalen Emblemen mancherlei Art).

Auf Bergesspitzen, woran die Wolken sich sammeln, aus denen (Vernichtung drohend) der zündende Blitz herniederfährt, wohnen die über des „Frevlers Haupt" (zu Seneca's Zeit) das Verhängniss schwingenden Mächte, deren Ruhe nicht gestört werden darf, in Einsamkeit des Gebirgssees, der hineingeworfene Steine mit Gewitter rächt, allüberall (und in Colombien aus heidnischen Mythen auf die an Petrus angeknüpften übertragen). Wenn dann die Göttergestaltungen schärfer sich geklärt haben, thront Zeus auf dem Olymp, [wie Bobowisi auf seinem Hügelsitz, und mancher Debata (oder Mahatara) mehr], als Dewa des Gunung agoeng, gleich Indra in seinem, den Vajra bergenden, Palaste (auf Scheitelfläche des Meru, an dem, von Chatu-Maha-Raja bewachten, Eingangsthor der Dewa-Loka).

Aus der voreinst im Menschenauge beseelten Natur, den mythologischen Ausgestaltungen in der Quellen und Flüsse oder der Bäume Götter, denen der Stürme, des Meeres, des Feuers, entnimmt noch heute der Künstler seine Bilder, um allegorisch zu schildern, was dem Ackersmann, des Kaufmanns Schiff, dem technischen Handwerk solche Mächte beschaffen, für Gewährung des Lebensunterhalts (und die dafür benöthigten Güter).

Einen Gott der Dampfeskraft, der ätherisch zündenden Electricität des unterweltlich durchstreifenden Magnetismus, kennen wir nicht, da diese Naturgewalten erst im Zeitalter der Induction (und durch dieselbe) in begreifliche Existenz gerufen sind, aus naturgemäss eingeschlagenen Wurzeln (bei primärem Aufwachsen) entstanden, nicht nach mythischer Vorschöpfung der Deduction erst später dahinein eingepflanzt, an zukommendem Ort und Stelle, für Einreihung in das universelle System (beim inductiven Ueberblick).

Dem facettenartig gebrochenen Auge des Wilden lebt in jedem Einzelgegenstande der Gott (in seiner dämonischen Vorstufe, vor ästhetischer Gliederung in göttlich verklärter Form).

Die aus jeglich angetroffenem Naturobject, nach (psycho-physisch instinctgemäss) noch unbewussten Gesetzlichkeiten (im Reiz und Gegenreiz) aufgedrängte Frage über das Warum? eines dort- (oder da-) seins (in seiner „Ratio essendi"), erhält auf kurzer Gedankenreihe die kurz gefasste Antwort: sich dorthin gestellt zu finden, durch schaffende Gottheit, der eigen (oder einzel) einwohnenden zunächst oder durch eine mit vielerlei Geschäftlichkeiten allmählig beauftragten, bis auf das monotheistische Monopol eines „Schöpfers von Himmel und Erde", die vorher mit einander gezeugt hatten (in Uranos und Gäa oder Rangi und Papa).

Mit solchem Gott, ob aus dem Gekrümel der Dii minuti herausgegriffen, ob über dieselben als ihr, seinen Hofstaat belehnender (oder auch henotheistischer Autokratie völlig beraubender), Monarch emporgehoben, ist stets sodann das rationelle Denken an seinen Endverlauf gelangt, mit Ausverlauf der (in's Unabsehbare entschwindenden) Relativitäten in das Absolute, das dem zeiträumlichen Denken aus seiner Begriffsfassung hinausfällt.

Irgendwo und -wie hat (zum addirenden Aufbau) das logische Rechnen die Eins ersten Anfangs zu suchen, und so wurde sie, (ehe das Material thatsächlicher Bausteine geschaffen war), in das Höchst- (oder Letzt-) Aeusserste metaphysisch (durch subtrahirende Deduction) geballter Wolkenschichtungen verlegt, wo im nebligen Nachtgedunkel Grau in Grau verlief, und unter den Möglichkeiten allen, ohne Beweisbarkeiten für keine, jedwede sich behaupten liess (wie durch subjective Idiosynkrasien phantasmagorisirt).

Seitdem das Denken die auf Controllirung (und gegenseitiger Rectification) mit der Deduction hingerichtete Bahn der Induction betreten hat, hält der „Deus ex machina" unter keiner seiner Maskereien mehr Stich, weil zusammenstürzend mit dem künstlichen Speculationsapparat, der ihn in die Scenerie der Weltenbühne hinabgelassen hatte, aber nun, um seine Legitimation (eigener Selbstschöpfung) befragt, brevi manu sich abgeschoben findet, in den Regressus ad infinitum hinaus, um die Luft rein (von Hirndünsten befreit) zu lassen, für die auf dem Felde der Naturwissenschaft Arbeitenden, die wenn innerhalb der von der Natur gezogenen Grenzen verbleibend, in der Namenswahl sich unbeschränkt finden, ob etwa besorgt über „Deus sive Natura" (oder sonst annehmlich klingenden Formulirungen, aus Terminologie der Philosophenschulen).

Wo die Naturwissenschaft die (experimentell geprüfte) Unverbrüchlichkeit ihrer Gesetze constatirt hat, gilt deren Ewigkeit für den Status quo planetarischen Lebens innerhalb des in der Regulirung seiner Grundzüge astronomisch überblickbaren Solarsystems, mit zugehörig anschliessenden stellaren, soweit auf dasselbe, bei den Jahreswanderungen tellurischen Globus (von seinen verschiedenen Beleuchtungspunkten aus), ein Einblick eröffnet ist, als Einzelfall eines (Djambu-Dwipa einbegreifenden) Chiliokosmos etwa (unter den zahllosen des Buddhagama).

Als nicht umgreifbar liegt die Welt des Makrokosmos über den Umbereich der Begriffe hinaus, während die mikrokosmische Welt (als die dem Menschen eigene) einer schulgerecht naturwissenschaftlichen Durchforschung zugänglich sein wird, nachdem auf psychologischem Gebiet die Zuthat der Wortschöpfungen, anbetreffs ihres organischen Wachsthums, in die dasselbe bedingenden Factoren zerlegbar sich erweist, unter Rückgang auf den psycho-physischen Stamm, wie in den (den Gesellschaftskreis constituirenden) Individualitäten (oder Individuen) verästelt — ein jeder derselben mit der Befähigung sich als selbstständiges Centrum zu festigen (nach Maassgabe des Verständnisses). Die menschlich terrestrische Existenz (eines Animal sociale) bleibt verwoben für einen Jeden mit seiner Gesellschaftsschichtung (unter den, aus Vorbedingungen socialer Existenz, dominirenden Moralgeboten), während nun jeder Einzelne wiederum, wenn durch die im geistigen Verkehr erlangten Güter zu unabhängiger Stellungsnahme gelangt, sich in den Stand gesetzt findet, diejenigen Denkschöpfungen zu zeitigen, welche über Zeit und Raum hinaus, die von diesen gesteckten Schranken überschreiten (oder überdauern), wenn nach den Verhältnisswerthen des in psychischen Entelechien noëtisch sprossenden Denkprozesses in Rechnung gezogen (im logischen Rechnen; je nach dessen, einen Infinitesimalcalcul annähernden, Stufengraden).

Um im ritualen Ceremoniell den Göttern zu nahen, bedarf es vorbereitender Reinigungen, denen sich auch die Pamangku unterziehen (wie Tempelhüter überall).

So, um dem Missbrauch des „Abfall" (auf Tanah und sonst) vorzubeugen, ist das (indonesische) Sial (oder Unglück) aus (nigritischen) Dörfern, als „Kehricht" (s. Boner) auszukehren, mit dem Besen, der im Hexenapparat überlebselt (oder mit dem Donnerbesen).

Durchweg hat sich dann ein grosser Reinmachertag fixirt, in allen Continenten, verschiedentlich gefeiert unter jedesmal topischer Umgebung, aber gleichartig überall in den leitenden Grundzügen.

Ueberall erschallt das Gelärm des Menjepi, überall rennt es mit Fackelläufen (im Pomp der Inca, auf viergekreuzter Heerstrasse), überall wird das Böse (im Hexentreiben) ausgetrieben und verjagt (mit Lufthieben kreuz und quer).

Die laneae effigies (s. Festus) werden nach dem Strande hin aufgesteckt (in Viti) bis zum Flusse (am Niger), wo indess bei dichter Dorfbesiedelung (am Kalabar) die Wahl des Tages richtig getroffen sein muss, damit nicht auf das gereinigte (und in Bangkok durch Umziehen mit den Pirit geschützte) Gebiet (der Heimath) die Teufelsbrut der Nachbarschaft zurückgescheucht werde.

So oft das Land (auf Bali) „panas" wird, „heissglühend" wie Indras Steinsitz (den Gott zur Aufmerksamkeit emporschnellend), sind anschlüssige Operationen zu wiederholen, wie in sundanesischen Desa's, beim Toendang Setan (duivel weggoyen), das (nach Anweisung des im Traum Unterrichteten) im Dorf zusammengebrachte Gerümpel wird über die Grenze gebracht und dann „de rommelboel" (s. Wilsen) weiter von Dorf zu Dorf bis ans Meer (tot den gusti van Cheribon, die gelasten moet alles in de zee te werpen).

So (für Opfergaben) gingen die hyperboräischen Geschenke von Hand zu Hand (die Zwischenvölker hindurch) bis auf dem Altar niedergelegt (in Hellas' heiliger Insel).

— — —

In der brahmanischem Ceremonial angepassten Opferung Prajapati's, bringt das gesammte All sich als Sühnopfer dar, für die aus (Pindar's) „alter Schuld" nachdrohenden Strafvollstreckungen, wie von Chitragupta aufgezeichnet aus der Karma Buchführung.

Alles ist in Sünden geboren, wiedergeboren beim Beginn neuer Schöpfung, Alles, was überhaupt da ist (und auf menschlicher Stufung sich dessen zugleich bewusst wird), denn die in Lauterkeit voll bereits

Gereinigten sind dadurch eben ausgenommen von dem Wiedererscheinen innerhalb materiellen Schöpfungsrings.

Und so kann er aufs neue beginnen, der Kampf um die Erlösung, von Jedem nach seinen Kräften geführt (um vitale Interessen im Seelenheil), und am glorreichsten von dem, der Ueberflüssiges leistet, zur Mehrung des Gnadenschatzes (nachdem für solchen „Thesaurus" ein hierarchischer Schatzmeister eingesetzt ist), wie der Phaya Alaun mit den in seinen Jataka verzeichneten Selbstopfern (freiwilliger Hingabe).

Dieser Schätzungswerth ungezwungener Freiwilligkeit, in Pflege uneigennütziger Nächstenliebe, hallt noch da, wo im Anschluss an die Steigerung der Opferscala, vom Elephanten bis zum Menschen, schliesslich ein Non plus ultra gesucht wird, im Gottesopfer selber (dem des Götter- oder Menschensohnes), mit hier unberechenbarer Preisschätzung und somit wohlmeinend unerschöpflicher, wenn nicht etwa wiederum der „Massa perditionis" verkürzt (durch Ausschluss von der für die Electi getroffenen Wahl).

Wird die mythologisch schildernde Dichtungsmalerei, über die buntschillernden Sinneshimmel (der Dewaloka) hinaus, auch dort noch fortgesetzt, wo in durchsichtig vergeistigter Atmosphäre der Meditationsterrassen die Umrisse mit einförmiger Abgleichung ineinanderlaufen, so mag sich hier (bei Verbarrikadiren der Megga; gegen Austritt im Verschwinden) ein Göttliches (im-) materiell genugsam condensiren, um aus dessen Reflex im Kosmos noetos (der Ideen) einen Adam Kadmon hineinzuziehen, der indess, wenn hinabgezogen in substantielle Materialisirung, seinem Fall nicht entgehen kann (und so den Heilsapparat der Begnadigung wiederum schon zur Voraussetzung hat).

Zu den Brahmanen, die über den Göttern stehen (weil diese in der Hand habend) gehörig, bildet der Guru den höchsten Gegenstand der Verehrung, und aus ihm redet Batara Guru selber (als Vyasa), wenn in den Pandanda einfahrend (bei der Morgenandacht). Der Buddhagama dagegen weist einen Jeden auf eigene Thatkraft hin (im Ringen um Erlösung), und obwohl sie belehrende Rathschläge geben mögen, würden doch die Talapoine nicht auf die Geltung eines unfehlbaren Guru Anspruch machen dürfen, da solche Stellung nur dem jedesmaligen Buddha selber zukommt, wie zur Zeit, aus der Reihe der Thatagata hervorgetreten, und als Padmasambhawa sich für einen selbstentstandenen Buddha erklärte, wurde er (bei den

Lepcha) für einen bösen Geist gehalten, weil er ohne Guru Gelübde erfüllen wollte (s. Grünwedel). Als Prototyp des Guru waltet Batura-Guru (in Ingrinsloka). Der vollkommene oder gut vollendete (auf dem Tao gerechte) Mann gilt als Vorbild (in confucianischer Gesetzeslehre). Irgend ein guter Mann ist stets vor Augen zu halten (b. Epikur), als Vorbild zu ehren (s Seneca), im Guru (Indien's).

Die nach der Vedanta (mit Endverlauf der Veda) in Brahm absorbirte Atma (als „Allahmanoengsa" der Hmoe), hat Fleisch und Blut gewonnen bei den Einkörperungen der Chutuktu, zum ununterbrochenen Verlauf der Seelenverhausungen (in lebenden Buddha oder deren Bodhisatwa).

Solche Seelengespenster schweifen schreckend in den Popanzen einer Deisidämonie oder wandern als Eidola (der Erinnerung verblieben zum Hades nigritischen Kotomen's unter die Unsichtbaren oder Lelemboet (javanischen Bangsa alus).

Im Hinayana fällt die Seele aus, da die psychische Entelechie nicht abtrennbar ist von ihren psycho-physischen Unterlagen („in Kraft oder Stoff"), und aus dem Eisenverschluss der Karma nicht etwa in dem Sarira eines Astralleibs (oder $\sigma\tilde{\omega}\mu\alpha\ \dot{\alpha}\sigma\gamma o\epsilon\iota\delta\acute{\epsilon}\varsigma$) entfliehen kann, sondern festgehalten bleibt im $K\acute{\upsilon}\varkappa\lambda o\varsigma\ \tau\tilde{\eta}\varsigma\ \gamma\epsilon\nu\acute{\epsilon}\sigma\epsilon\omega\varsigma,\ \acute{o}\ \tau\tilde{\eta}\varsigma\ \mu o\acute{\iota}\varrho\alpha\varsigma\ \tau\varrho o\chi\acute{o}\varsigma$, um je nach dem, aus dem Rechnungsbuche des Kuson und Akuson (Bun und Bab) gezogenen, Facit sich neu umkleidet zu finden (in Verbesserung oder Verschlimmerung des früheren Zustandes).

„The starting point in Buddha's theory of life is the connecting link between the old life and the new" (s. Waddell), und diese Überleitung ist gegeben mit Umwandlung des Chuti-Chitr in seinen Patisonthi-Chitr, worauf dann Vinyana ihre (dem im Schuldbuch zukommenden Posten entsprechende) Sangskara wiederum anbildet, und da der letzt übrig gebliebene Chuti-Chitr, — nach Entflüchten aller seiner Gefährten, an deren Schwanzende [in seinen „ostani" oder Luss, ein „rest of the tail" (s. Hughes) in benachbarter Version] er eben gepackt und festgehalten wurde — sich auf ein elendig armseliges Dingelein reducirt findet, beginnt nun die Reihe der Nidana mit Nichts- oder Nichtwissen (einer Avidya), in umnachtender Dummheit (oder Moha).

Nur wenn während des Lebens bereits (Kraft der Dhyana) Lokuttara-Chitr zur Ausentwickelung gelangt sind, um jenseits zeiträumlicher Schranken einem $\xi\xi\omega\vartheta\epsilon\nu$ entgegentretendem Nous, als dem ihrer Ayatana entsprechenden Arom, sich zu vereinigen, ist die künftige Existenz vor niederen Metasomatosen gesichert, weil fortdauernd auf den Meditations-Terrassen (der Rupa-loka), zum Schwelgen in geistigen Genüssen, bis beim Betreten der Meggha die volle Durchschau (des Dharma) erreicht ist, mit (offenlegender) Auföffnung (der Offenbarung) in Bodhi (für Asangkhata-Ayatana).

Zur Beantwortung der auf Wolfenbüttel's Bibliothek gestellten Frage, vermochte Empedocles (aus pythagoräischer Rückerinnerung) seine Vorexistenzen wieder sich hervorzurufen, und so durchschaut der Buddha all' die untergegangenen Metasomatosen, in seinen, auf (den Jataka entnommenen) Gleichnissen begründeten Predigten, beim Drehen des Rades, im $K\nu x\lambda o\varsigma$ $\gamma \epsilon \nu \eta \sigma \epsilon \omega \varsigma$, bis die Megga betreten sind (zur Erlösung).

Die unter Abwartung der befragenden Engel im Grabe verbliebene Nefsch oder Seele hat auf eine lange Reise sich vorzubereiten, die verschiedenen Himmelsschichten durchirrend, wo in höheren oder niederen (je nach ihren Werken) die Freuden des Paradieses (Firdaus der Jana) im Voraus geschmeckt werden können, während, wenn Zurückweisung statt hat (mit Hinweis auf die Sabamia im Feuer der Gehenna) eine mühselige Zukunft bevorsteht.

In Vorbereitung für sein Nirvana (oder Mokscha), erklärte Mokschagupta (in Kui-shi) die (mahajanistische) Yoga-Shastra (Maitreya's), zu deren Kenntniss Hiuenthsang das Land der Brahmanen zu besuchen beabsichtigte, für häretisch (cf. Yenthsong), wie chiliastische Fanatiker sich ihrem Paraklet zuzuwenden lieben, oder den verborgenen Imam erwartend verbleiben (im Mahdi). „The master of Shastras Bhavavireka rests in the palace of the Asuras, awaiting the time, when Maitreya Bodhisattwa shall reach perfect wisdom" (s. Beal) in Dhanakataka, wo die Tripitaka nach der Schule der Mahasamghika-Secte erklärt wurde (distinctly opposed to the Sthavira sect of Ceylon). Die in Kanchipura von den aus Ceylon ausgewanderten Mönchen erhaltenen Erklärungen der Yoga-Shastra erwiesen sich ungenügend, im Vergleich mit den von Shabhadra erhaltenen Belehrungen (in Nalanda).

Asamgha-Bodhisattwa zu Tuschita emporsteigend, erhielt von Maitreya Bodhisattwa die Yoga-Shastra (neben der Alankara-Mahayana-Shastra und der Madhyanta vibhanga Shastra) und dann wurde sein Bruder Vasubandhu bekehrt (in Ayodhya), mit (Nagarjuna's) Tantra's in Mudras (aus des alten Drachkönigs Weisheit gewonnen) für die Dhyana-Uebungen mit den über die Abstufungen präsidirenden Dhyani-

Buddha's und ihren Badhisattwa, neben dem das Schwert führenden Manjusri, der sich seinem Verehrer manifestirte, in Begleitung von Maitreya und Avalokitewara aus dessen Bildsäulen (in Hiranya perata) der Bodhisattwa seinen Verehrern entgegentrat, ihre Bitten in Empfang zu nehmen.

Im allegorischen Bilde des büssenden Brahma, tritt beim Zerbrechen des Welten-Ei (in der Brahmandapurana) die gesammte Welt hervor, auf jenem Stufengrad reuiger Busse, wie benöthigt, um nach dem aus Sündenlast erfolgten Zusammenbruch, hoffnungsvolle Wurzeln für erneuernde Entfaltung einschlagen zu können, da das Schuldbewusstsein zu brennendster Sehnsucht nach Erlösung emporgeschlagen (aus erhitzenden Tapas, in Avitchi's Gluth).

Und so im Reiche athmender Wesen, treten diese unter denjenigen Abstufungen in Existenz, wie nach dem Maass der Karma ihrem moralischen Niveau entsprechend, die Xatrya höher hinauf, aus der Brust, die Vaisya aus dem Bauch, die Sudras aus den Knieen, niedrigst die Thiere (Pasu), die Rakshasa und Kinnera wohin sie gehören u. s. w.

Erhaben indess schon über das im $Κυκλος\ γενεσεως$ rollende Rad irdischer Existenz, erheben sich aus der (kindlich noch geöffneten) Fontanelle des Hauptes, aus Siwadhvara in vergeistigter Sphäre, die Brahmanen, die so durch ihre Geburt bereits prädestinirt sind, zum Eingehen in die Rupaloka, wo ihnen demgemäss der aus seinem oberen Seeligkeitssitz (auf den Meditationsterrassen) herabgeglittene Maha-Brama entgegenkommt (zum Empfang der Pitri, die im gewöhnlichen Umlauf mit dem in Mondesphasen verzehrten Soma sich zu genügen haben).

Dass diejenigen Bramayika, deren Loos (zu gleicher Periode) sich in Abhassara erfüllt hat, bis auf Djambu-dwipa's neue Schöpfung niedersinken, kommt, wenn nicht ihnen als Kalyanaphuttayana doch den Andhaphuttayana zu Gute, die so im fernerhin eingeleiteten Verkehr von den (mehrweniger wohlverdauten) Brocken superrationalistischer Gelehrsamkeit profitiren mögen, wie sie (in Anamnese) aus supranaturalistischer Region herabgebracht sind.

Obwohl die Religionsanschauungen der in cultureller Civilisation höher Emporgestiegenen, weil auf dem eingenommenen Stufenrang in vergeistigtere Regionen hineinragend, sich in geistig erhabeneren Bildern zu spiegeln haben, mögen sie doch, obwohl in brahmischer

Kastenzelle isolirt, durch die daraus hinausgereichte Weihegabe, leitend nachwirken auf die populären Verehrungsweisen, wenn auf Bali's kleiner Insel näher zusammengedrängt, ohne die im indischen Heimathslande schroffer markirte Abscheidung, wo in abstrus gesteigertem Weisheitsdünkel jede Fühlung mit den niederen Schichten verloren zu gehen pflegt, wie den von metaphysischer Gelehrsamkeit umnebelten Gelehrten westlicher Weltweisheit.

Ein theologisches Religionssystem, wobei der Priesterstand in stellvertretender Vermittelung functionirt, verliert jeden Halt über die Volksmasse, sobald in anachronistischer Verknöcherung der Dogmen der einigende Zusammenhang mit den aus geschichtlichem Bronn hervorquellenden Zeitideen abgerissen ist, mit welchen übereinstimmig die Moralgebote (als Vorbedingungen socialer Existenz) stets dieselben Wahrheiten sprechen (unter den Differencirungen historisch-geographischer Färbungen), während sie sonst als leere Worte verhallen (unter dem Ausbrechen anarchistischen Wirrsals).

Im Anfang lässt der „Geschicksvertheiler" oder Bhagawan (in der Brahmandapurara) die Denkseele hervorgehen, gleich mit sich selbst (Agre ansarijja bhagavan manusam atmanah samam).

Bhagawan schafft zunächst (Brahma's) Vierköpfigkeit (mit Sananda und Sanatkumara eingeschlossen) und dann, nachdem aus dem (geopferten) Körperleib (Pasupati's) das Weltgerüst hergestellt ist, entspringen die Dewarshi und weiter, als höchster, Paramesharа achtfach, als Ashtanu (in der Essenz körperlicher und geistiger Elemente), worauf (nach Kalpa und Dharma) die Dewa, Asura, Pitri und Menschen hervorgehen (mit den Kastenscheidungen, unter Manu Svajambhuva). Pasupati, mit dem Tag entstanden (neben Indra und Mahadewa), schickt vom Mahameru den Linga nach Bali (im Oesana Bali).

Die Dewa (in der Brahmandapurana) werden um Mitternacht geschaffen, aus Brahma's Manas (Sinnen), aus seiner Körperseite die Menschen am Morgen, aus den Schenkeln die Asuren um Mittag, und die Pitara (Pita-Pitarah) am Abend (aus der Armbeuge), indem nach den nachtgeborenen Göttern (gleich Atun fanua po) am Tage der Mensch auftritt, um Mittag dagegen (den bisherigen Aufstieg in Niedergang ändernd) die Asuren (als feindliche Mächte, in Hitze der Mittagsteufel) sich fühlbar machen und in der Dämmerung die Pitara schweben (als Schatten gespenstig, gleich Riphaim).

Brahma (in Bromo) führt auf den vedischen Agni (einen

Sangyang Gni, in javanisch niederer Rangsprache), für Beschaffung eines practisch wichtigen Lebensbedürfnisses mit Anschluss an brahmanische Verehrung des himmlischen Feuerlichtes, die Suryakantas abzählend (im Gudaha oder Akshamala).

Als Stammherr bewahrt Brahma für seine bevorzugten Kinder das Haupt unter den Körpertheilen, wenn auch die anderen für schöpferisches Entstehen der übrigen Kasten beansprucht werden in pantheistischer Erweiterung (gleich der Prayapati's für das gesammte Weltgerüst).

Am Anfang (in der Brahmandapurana) steht Bhagawan mit seinem (gleich Batara), wie Brahma auch anderen Göttern, beilegbarem Titel, aber an sich den Austheiler (der Loose) bezeichnend, ein (wie islamitischer Allah) personificirtes Schicksal (bei den Batak) als Moira der (gleich Raja Sial) verhassten Aisa (hellenisch)

Zwischen Himmel und Erde, die (im Rangi und Papa) getrennt (durch rebellische Kinder) wiederum zu einigender Vermählung streben, circuliren die Strömungen eines männlichen und weiblichen „Beginsel" (s. Riedel), wenn (auf alfurischen Inseln) Opulero aus der Sonne niederstrahlt, auf die zur Bestellung vorbereitete Landfläche — Upunusa (auf Leti) oder Lea's (auf Luang) —, auf dem vorstehenden Verbleibstein manifestirt (mit Rückstrahlung in Bodenwärme), oder dem (in Damar) aufgestellten Bild (zur Befruchtung).

Through the surface of the Earth, there run two currents, representing the male and female principles of nature (s. Douglas), als der „Azure Dragon" und der „White Tiger" (in China), aber ehe aus männlicher Wolke des Goldes und weiblicher des Holzes schaffend, hatte Punkan Himmel und Erde schon getrennt (aus seinem Beilhieb).

Wenn, was schöpferisch das All durchwaltet, als Svayambhu gefasst wird (gleich Hi oder Ke unter Li's Gesetzlichkeiten, in So), strahlt in Aksa die Fülle des Lichtes, woraus die Gestaltungen des Daseindon dem Auge sich abzeichnen, und bei dem Übergang von Aether in Luft (aus jonischem Mittelbegriff) klingt es dem Ohr mit dem Laut, aus seiner Ewigkeit, für kurze Gedankenreihen (die in Unerschaffenheit des Koran oder der Veden stecken bleiben). Wenn dann in verdichteter Atmosphäre, unter nachschallendem Donnergetön das Feuer des Blitzes sulphurische Dämpfe entzündet, finden sich, ausser des Auges Linse, wie auriculare Labyrinthe auch nasale durchdrungen, im Geruch — den Schöpfungsbeginn [in der (Welt-) Seele vielleicht] riechend (auf Samoa) — und mit Ueberleitung in Wasser ist sonach dem Geschmack auch vorgesorgt, im Trübwasser, das manchem Kosmologen schmeckt als Urgewässer (des Geschaffenen), und mit erdigem Niederschlag, tastlich greifbar (am Mahameru), folgt nun die materielle Zeugung (in Umarmung), und der Niederfall gar bald (in die Potala hinunter).

Im Beginn solcher Denkschöpfungen dagegen, waltet, weil ihnen adäquater, das geistig Intellectuelle vor, und deshalb beigelegt bereits an Akasa — „omnipresent und essentialy intellectual" (s. Hodgson), — obwohl hier sodann die (personificirende) Anthropomorphosirung eines Adi-Buddha nahegelegt ist, weil derartige Thätigkeit dem Menschen nur in sich selbst bekannt ist (unter den in der „Natura naturata" beobachtbaren Bildungsprozessen).

Jetzt beginnen die Conflicte nun, über die „raison d'être" solches „deus ex machina" (betreffs der mit Herkunft und Localisirung verknüpften Einzelheiten) rationelle Rechenschaft abzulegen, und wenn dann der Intellect höchster Potenz (als Prajna-Paramita) selber wieder abstrahirt wird (zur Anschau), thront Adi-Prajna oder Prajna-Devi („upon a Lotos of precious stones"), auf der Spitze des Sumeru (in the Lalita), um mit der „Yoni" (der Trikonakara Sutra) hinauszuführen in die Orgien des Tantra-Dienstes (niedrigster Gemeinheit).

Und so überall in kosmographisch religionsphilosophischen Theorien. Je excessiv sublimer die Speculationen sich aufwärts schrauben, desto mehr (beim Abbrechen allzu fein gespitzter Spitzen) sind sie von schmählichstem Fall bedroht, in Sinnlosigkeiten hinab, wo verdummende Moha lagert, in Avidya, am primitiven Anfang der Nidana, aus deren Drehrad kein Entkommen hoffbar ist, wenn an richtiger Fuge deren Ausnutzung versäumt wurde, um den Leitungsfaden einzuhaken, der hinauszuführen hat, auf die Megga, für Durchschau des Dharma, in Einheit physischen und moralischen Gesetzes (soweit das Verständniss reicht).

Der bei Cultushandlungen durch die Vorschriften ceremoniellen Rituals zwischen dem Verehrer und seinem Suman gewobene Rapport (zum Bundesvertrag über Schutzgewährung gegen entsprechende Opferleistungen) wird in den Petangan (Java's) durch Berechnungen (nach Angaben der Primbon's) herzustellen versucht, in sinnlosen Zahlengemengseln, (oder magischen Sympathien des Feng-Shui), gleich den kabbalistisch-astrologischen, ehe geklärt in astronomischer

Reform, unter welchen Constellationen der mit Einlenkung in naturwissenschaftliche Forschungsrichtung heraufgeführte Tag, bei seinem Anbruch schon jene gesetzliche Ordnung bescheinen konnte, deren Verständniss bevorzustehen hat, wenn dem logischen Rechnen sein Infinitesimalcalcul hinzugewonnen sein wird. [Everything, that exists on earth is but the transient form of appearance of some celestial agency (in China); to decipher these tables of heaven, to break the seals of this apocalyptic book, is the prime object of Feng-Shui] (s. Eitel), was indess nicht durch alchymistische Phantastereien erreicht werden kann, sondern eine chemisch exacte Durchforschung der Grundelemente voraussetzt (in den Elementargedanken eines logischen Rechnens).

Der Mensch ist da, ohne zu wissen, woher gekommen, der Indianer fünf, die sich am See zusammensitzend finden, im Anbeginn, in ihrer Kosmologie. Durch einen Donnerschlag aus der Betäubung erweckt, sieht er (bei den Mattoles) die Welt um sich, die im Gewitter (der Wogulen) herabgelassen ist (in iranische Thwascha).

Opulero, der da droben, vermittelt (den Alfuren) den Gegensatz (oder die Wechselbeziehung) zum Unten (bei Vermählung von Uranos und Gäa oder Rangi und Papa), um das Spiel der Schöpferkräfte einzuleiten, im Geschlechtsgegensatz (des Ying und Yang), und zum physischen Gesetz tritt dann das moralische (im Dharma des Buddhagama).

Auf das allumfassende Himmelsgewölbe schauend, erkannte Xenocrates die Gottheit, neben dem moralischen Gesetz im Herzen des kritischen Reformer (mit dem Sternenhimmel oben).

Opo Geba Snoelat, „der Oberherr der Alles aufschreibt" (gleich Chitragupta) symbolisirt (auf Buru) den (mit Argus-Augen) Alles schauenden Varuna (der Veden), in Surya wandelnd beim Tageslicht („denn die Sonne bringt es an den Tag"), während in dem, einen Aufblick verschleiernden, Nebel ihrer öden Klüfte den Pescheräh der das Thun und Treiben beobachtende „Schwarzmann" umgeht (ein St. Klaas mit seinem Knecht Ruprecht), und das chinesische Familienleben durch den „Küchengott" überwacht wird (der am Neujahrsfest emporsteigt, zu rapportiren).

Ins Unabsehbare eines Nimo-Nimo schaut es sich auf Samoa, bis das Firmament festgestellt ist, für den Fussauftritt eines Baiame oder „Macher" (australisch).

Die Dinge stehen geschaffen (oder entstehen), in welcher Weise sie sind, die Pflanzen wachsend, die Thiere bewegungsfähig, der Mensch dagegen ist ein Fabrikat, aus der Hände Werk, wofür auch an Allah Erdstoff überbracht wird durch Izrael (im Kitab ambija). Dann liegt er bewegungslos starr, die Seele hängt noch im Käfig (an des Höchsten Thron), bis eingeblasen (aus Juve's Ruach). Es war verboten von dem Pohon Koedi, „de boom des eeuwigen Leven's" (s. Wijk) zu essen, oder, dass nicht davon gegessen würde (nachdem die Früchte vom Baum der Erkenntniss genossen waren), wurde vorgebeugt von den, eine Gleichstellung (neidisch aus dem Pthonos der Götter) versagenden Elohim, die so zur Existenzverlängerung einer Amrita bedurften (an Stelle ambrosianischen Nectar's, wie auf dem Olymp kredenzt).

De „woh koldi" zul volgens Iblis bewerken, dat Kawa een weg in de Swarga blijft, niet sterft en niet oud wordt" (nach dem Tapel Adam). Es folgt die Vertreibung aus dem Paradies, und so wird die Gemeinschaft aufgehoben, indem Abassi dem Menschen die bisherige Erlaubniss täglicher Besuche entzieht, und den Zugang zum Himmel abschneidet (am Calabar).

Eine in Hand ihres Schöpfers ruhende Welt mag nach Willensbetrieb der Fingerbewegungen umhergerollt oder bewegt werden, und bei Vermuthungen über das Warum? des Geschehenden, hat jedes „Ob so oder so" mit dem Ergebenheitsspruch zu schliessen: „Allah weiss es am Besten."

Wenn die Welt in eigenen Gesetzlichkeiten (ihres Dharma) sich erhält, hat Alles in gegenseitiger Wechselbeziehung (eines Jeden zu Jedanderem) zu stehen für gemeinsamen Ausgleich, in magisch allgemein durchziehenden Sympathien (und Antipathien; da in theoretischen Liebhabereien die Maxime Contraria Contrariis gleich dienlich schmeicheln mag, wie Similla Similibus).

Zunächst wird nach ungefähr im ersten Eindruck auftreffenden Aehnlichkeiten argumentirt, um die aus astrologischen Constellationen die (Natur-) Dinge in ihrem Zusammenhang prägenden Signaturen zu expliciren, und wenn, aus derartig kabbalistisch durcheinander gewirrtem Wust Heilsfäden hervorgezogen werden sollen, werden sie, statt den gewünschten Nutzen zu bringen, vielmehr schädlichst sich erweisen (zumal wo blindgläubiges Vertrauen das sinnlos handgreiflichste übersehen lässt).

Obwohl sonach die Lehren der Dhaitavada zu Versumpfung und Verdummung führen (in sclavischer Resignation) bewahren sie doch vor den Gefahren, die den Advaitavada drohen, wenn durch die in Ueberweisheit geschmiedeten Waffen sich selbst verwundend.

Erst wenn auf exact inductiver Forschungsbahn in schärfst controllirender Zerlegung (einer, für die Synthese, zersetzenden Analyse) durch rationelle Comparationen die elementar gültigen Gesetzlichkeiten festgestellt sind, ist ein gesichertes Fundament gebreitet, um aus dem Sphärensang kosmischer Harmonien mit zunehmender Deutlichkeit herauszuhören, was sie zu sagen haben (für menschliches Verständniss).

Und hier wird auch das Geistige seine entsprechende Einführung zu finden haben, wenn mit allmähligem Aufsteig an praeconditionellen Vorstufen die Zeit dafür gekommen, wie etwa der Chemie die Kenntniss der (für unbewaffnetes Auge unsichtbaren) Gasarten (in ihrer Pneumatologie).

Das in Wesenhaftigkeit Durchwaltende, ob nach dem Moment krystallinischen Anspringens in Latenz verharrend, ob in ununterbrochenem Fluss momentaner Bethätigungen lebendiglich sprudelnd, wird betreffs der dem Menschen selbst zukommenden Manifestationen in seelischer Färbung (vom Denken) gedacht (oder gedichtet) mit der Seele, als subjective Fassung desjenigen Lebens, was äusserlich objectiv zur Anschauung gelangt — ohne begrenzende Ueberschau indess, um aus dem Ganzen die Werthgrössen des Theils (der Theilganzen insgesammt) berechnen zu können (jedesmaliger Zifferstellung gemäss).

Immerhin gewährt der psychologische Weg einen Ausgangs- (oder Ansatz-) punct von der im Denkenden selbst eingeschlagenen Wurzel und sofern die organisch herausgereiften Blüthen auf gesellschaftlicher Schichtung zur Entfaltung gelangen, — wenn die in das eigene Sein versenkte Contemplation, ihr von dem Dunkel da drunten nach der Helle ringsum hingewandter Blick die bunt schillernde, und dennoch einfachst einheitliche, Vielgestaltigkeit ethnischer Einkörperungsbilder vor sich sieht —, ist das Material gegeben um die einem naturwissenschaftlichen Zeitalter adäquate Weltanschauung zusammenzuzimmern, welche kraft der, aus gewissenhaft genau constatirten Differencirungen balancirten, Gleichungsformeln (des logischen Rechnens) im Gleichgewicht sich erhält, aus eigentlichst einwohnender Kraft und derjenigen in jeglichem Sonderdasein wieder, dem Individuum nämlich, soweit es selber sich zu verstehen vermag (als Träger des von ihm geschaffenen Weltenbaus).

Als der Erde noch näher, redete der Himmel (nigritische) Weisheitssprüche, ward aber durch (mikronesischen) Tiki-Tiki höher emporgeschoben (damit die Mörserstampfer der Frauen nicht länger anstossen) oder, nach der Verwundung herabgefallen, wieder aufgerichtet durch Tane (der Maori).

Eines Widi (javanische) Loosvertheilung (im Fatum der Feen oder Fata, wie sie an der Wiege schon sprechen) verzwackt sich durch Taqdir mit Allah's Irada zu den Conflicten zwischen Praescientia und Praedestinatio, aber ein olympischer Usurpator stürzt Aisa aus dem Himmel und nun droht Moira's instinktiv (in Karma's Eisenschluss) rollendem Gerechtigkeitssinn, bedenkliche Störung, wenn nicht die jüngeren Töchter Ersatz gewähren (durch Themis).

Seit der (beim Klang der Essglocke alltägliche) Zugang zur Himmelsbehausung durch Abassi abgeschnitten ist (am Kalabar), markirt sich die Gegenüberstellung mehr und mehr, durch „Aufschweben nach Oben und Abschweben nach Unten" (auf Hawaii), Unvereinbarlichkeit (im balischen Lied) zwischen „Wohlgeruch und Stank", als Kalma, dem (finnischen) Leichengeruch oder Meto (auf Reinga's unterster Schicht), während die (verklärten) Göttergestalten in des Weihrauch's aufsteigenden Dämpfen schweben, bei Verehrung des Bromo (durch die Wong Tenggur).

Für den würzigen Opferduft (zu homerischer Zeit) wurden ausgewählte Fettstücke auf den Altar gelegt, um substantiellere Speisung dem Ambrosia hinzuzufügen, das dem von Hebe kredenzten Nectar zum Zubiss diente, während die Insassen der Dewaloka sich mit Amrita, als Lebenswasser (oder Vai-ora polynesisch) begnügten, für Verlängerung der Lebensfrist, soweit erlaubbar, im $K\acute{\nu}\varkappa\lambda o\varsigma\ \gamma \varepsilon \nu \varepsilon \sigma \varepsilon \omega \varsigma$ (ehe derselbe durchbrochen; beim Austritt auf die Megga).

So dreht es sich in steter Wiederholung (unter local differencirten Variationen) um engste Zahl der Elementar- (gedanken oder) stoffe, um den Menschheitsgedanken aus seinen disjecta membra durch Raum und Zeit (auf der Erdoberfläche) zu reconstruiren, längs der Tiefschichtungen in Wildheit bis zu höchster Höhe der Speculationen hinauf.

Wenn freilich nun hier (mit dialectischer Kunst) ein uranographischer Grundplan unter metaphysischen Umrissen hingezeichnet ist, mit 30 Himmelsterrassen oder mehr, um Alles und Jedes hübsch säuberlich (mit scholastischer Spitzfindigkeit) an Ort und Stelle ein-

zubehausen, wenn die Dhyani Bodhisattwa sodann, im Auftrag der
Dhyani-Buddha vom Dharma-Kaya zu predigen beginnen, (unter des
Nirmanakaya Incarnationen) und den Dreikörperungen (in Tri-Ratna
und Tri-Murti) wenn, [um die Nestorianer mit (Eutyche's) Monophysiten zu vereinigen] das chalcedonische Symbol sich dahin erklärt,
dass im Mittler zwei Naturen, ohne Vermischung, Verwandlung und
Trennung zu einer Person und Hypostase, vereinigt seien, wenn
auch die Monotheliten etwa ihren Senf hinzuthun, und der Köche
viele den Brei verderben, — dann allerdings lässt es sich disputiren bis
in die Puppen, aber was dabei herauskommt (in Religionsgesprächen
und philosophischen Fehden; oder religiös philosophischen zum Kauf)
das hat sich gesehen und miterlebt (in laufender Generation), als
der Idealrealismus mit seinen allzu fein gespitzten Spitzen zusammenbrach, und nun auf leeren Trümmerstätten ein neuer und besser
fundamentirter Aufbau emporzurichten war, durch die Induction,
deren Methode verbietet, den „Hausbau vom Dache" zu beginnen,
so dass sie zunächst ungestört für sich zu arbeiten haben wird, bis
die Zeit gekommen, um wieder zusammenzukommen mit der Deduction
[und die addirend (aus thatsächlich angesammeltem Material) gewonnenen Resultate, durch die im Subtrahiren angelegten Proben zu
controlliren].

Und wozu all' dies Gequäle, aus weisslichgrauer Hirnsubstanz
Spinngewebe hinauszuspinnen, die jeder Windstoss zerreisst? obwohl
sie die Fanti substantiell hergestellt meinen, durch die Geschicklichkeit
ihrer Schöpfungs-Spinne. Die naturgemässen Vorbedingungen socialer
Existenz (worauf es practisch ankommt) liegen deutlich genug ausgeprägt in den ethnischen Elementargedanken schon. Der Maori,
der bei Verletzung eines Tabu aus Gewissensangst stirbt, ist moralisch
ganz anders geknebelt, als der Banditti, der sich von seiner,
Schmeicheleien zugänglichen, Madonna im Voraus Ablass erbittet,
für die in Absicht liegende Unthat, und wie es mit modernem Eide
steht, lehren leider die Meineidsprozesse, während der Thai sich
den Tod trinkt aus dem Eideswasser, durch die Waffen, die darin
eingesenkt — weil sie fürchtend, nach altem Brauch — unter Verklärung der Deisidaimonie zum $\eta o\beta o\varsigma\ \vartheta\varepsilon o\upsilon$ (in der Kultur).

Und so gilt es wohlgemuth voran zu gehen, auf neu geöffneter
Forschungsbahn, dem Ziel entgegen, um die (lang und stets gesuchte)
„Wissenschaft vom Menschen" dauernd zu begründen.

Da alle anderen Wege fehlgeschlagen, ist dieser ohnedem der

allein noch nicht versuchte (so dass ein anderer Ausweg überhaupt nicht bleibt).

Jede Religion, die aus historischem Erfolg sich als zeitgemässe bewährt, hat solchen Character dadurch erlangt, dass sie bei ihrer Begründung den synchronistischen Nachfragen des Volksgeistes entsprach; im ächttreuen Auftreffen dessen, was sehnsuchtsvoll drängte in den Elementargedanken — so in den Verkündigungen christlicher Nächstenliebe oder in der Thatagata Hinweis auf thatkräftig eigenen Willensentschluss, die Erlösung zu erringen.

Dogmen zu formuliren, war unumgänglich angezeigt, und zweckdienlich soweit, aber mit ihrem zunehmenden Anachronismus trat dann jener Bruch ein zwischen Glauben und Wissen, der seine Ausheilung dann erst erlangen kann, wenn im inductiven Aufbau eine vernunftsgemässe Controlle hergestellt ist mit der Deduction (für das logische Rechnen).

Eine monotheistisch gepredigte Religion sucht die polytheistisch zersplitternde Weltanschauung wiederum zu einen (in monistischen Anstrebungen).

Auf dem Wildzustand schreckt das Unbekannte unter fratzenhaften Verzerrungen aus Deisidaimonie. Die mit veredelnder Cultur gebotene Musse (ungestörter ausgefolgter Betrachtungen) weckt, in Umschau durch umgebende Natur, die Bewunderung ihrer Wunder, wie sie aus dem Unbekannten in Offenbarung getreten sind, ringsumher.

Die, dadurch angeregt, aufgährenden Vorstellungen verkörpern sich, bald hier, bald da (wie durch zeitweis zufällige Combinationen getroffen) in ideal verklärten Göttergestaltungen, durch die Poetik dichterischer Phantasie ausgeschmückt, in der Kunst (geschildert und versteinert).

Und so bei begabtem Volksgeist, beginnt das Schwelgen in Ueppigkeit der Kunstgenüsse, die verführerisch abziehen, sich ihnen hinzugeben, umsprüht von Gischt und Schaum genialischer Wahnwitzigkeit (in Phantasie-Gebilden).

Unterhaltend genug für denjenigen, der unbedrängt von der Noth des Lebens, sie vertändeln zu dürfen glaubt, „die lange unendliche Zeit", um der Langweile vorzubeugen, wenn das durch innerlich treibende Thätigkeit zum Schaffen geprickelte Denken sich vom

Hungertode bedroht fühlt, bei Ausfall geistigen Ernährungsstoffes (der innerhalb des eng gezogenen Horizontes bald erschöpft ist).

Nicht das jedoch ist die in der Lebensaufgabe gesteckte Bestimmung des Menschen, nicht solch' Schlaraffenleben wegen ist er ins Dasein gerufen, sondern zur Arbeit, zur Verarbeitung der eingepflanzten Keimungen, damit, kraft methodisch verständigen Ausverfolgs, in Nüchternheit des logischen Rechnens, ein aufklärender Einblick gewonnen werde in den Makrokosmus, um mikrokosmisch sich selber zu verstehen.

Und so, um naturwissenschaftlichen Forschungen ein freies Arbeitsfeld zu breiten, muss reine Bahn geschaffen werden zunächst, um die Geheimnisse erstletzter Ursächlichkeiten [statt beständig sie eingedrängt zu sehen, mit ihrem (die Rechnungen störenden) X] zurückzuschieben bis an äusserste Grenze, in der (nur einmaligen) Projicirung einer unbegreiflich jenseitigen Gottheit, im einheitlichen Gottesbegriff; ohne freilich umgreifbar zu sein — in Begriffsfähigkeit (weil an sich bereits als Mysterium proclamirt) —, und in Dreigottheit der Tri-Ratna steht Dharma voran (für die Gesetzlichkeiten).

Immerhin ist also mit dem Monotheismus ein bedeutsamer Schritt vorangethan, um die Deduction, aus ihren bisher wüst-wirren Phantasmagorien, in rationell strengere Schulung zu nehmen, und diejenige Controlle vorzubereiten, welche durch die Induction gewährt sein wird, nachdem das „naturwissenschaftliche Zeitalter" seine einheitliche Abrundung erhalten hat (mit Zutritt einer ethno-noetischen Psychologie).

So oft bei Ausverlauf der Relationen in ihr Absolutes die Vergleichungsmöglichkeiten einer comparativen Methode verloren gehen, geräth das Denken auf sein „Non liquet" und hier bleibt nun in Wahl gestellt aus dem, in bunt vielfacher Concurrenz der Angebote, als Universalmedicin den Seelenleidlern Angepriesenem das, was am gefälligsten zusagt, entgegenzunehmen, im gläubigen Vertrauen (oder Bhakti) oder das Urtheil in suspenso zu halten, um in bedachtsamem Zuwarten abzuwarten, wie und wo weitere Klärung sich aufhellen möge, im emsigen Fortverfolg der auf inductiver Forschungsbahn eingeleiteten Arbeiten.

Wem solche nicht passt und in des Skeptikers spöttisches Lächeln einzustimmen besser behagt, wird, wenn der Kitzel des Witzes seinen Reiz verloren — weil ein abgedroschener (ausgedroschen zu sinnlos hohlen Worthülsen) —, von öder Leere des Nichts gar bald umgähnt, sich selbst vernichtigt finden, in seines „Nichts durchbohrendem Gefühle", noch ehe die Lebensuhr abgelaufen bis zu jener Stunde, die dahin hinausführen soll, wo (am stoischen „dies natalis") der Maya nichtiger Trug entschwindet, vor eigentlicher Realität des Seins, in Asangkhata-Ayatana (für gesetzliche Durchschau).

Eine mit geschichtlicher Culturentwicklung herangewachsene Religion wird dem Bildungsgrade der Zeit, soweit ihre Dogmen Anschmiegungsfähigkeit bewahrt haben, mehrweniger entsprechen, und Conflicte mit der Philosophie möglichst vermeiden (unter religionsphilosophischen Accomodationen).

Ihr Lehrgebäude verbleibt dann jedoch das Eigenthum Weniger, der in statistischer Volkszählung auf den engen Kreis der Gebildeten Beschränkten, und wenn sie vielleicht dort wohnlich sich einzurichten im Stande sind, bleibt von vornherein doch ausgeschlossen, die ethischen Theorien, soweit von den Schulen unter sich einigermaassen abgeglichen, zum Gemeingut Aller zu machen (unter Massenschichtung der Gemeinen, in der Gemeinde). Diesen zuzumuthen, aus den heiligen Texten selber, die einen systematischen Zusammenhang (im Koran weder noch in Bibel) überliefert haben, solchen sich selbst zu construiren, erscheint auf den ersten Blick bereits derartig monströs, dass wenn die Monstranz auch gezeigt werden mag, doch nicht von ihrem (in jahrtausendjähriger Arbeit auf Concilien und Synoden sublimirtem) Inhalt gepredigt wird in volksthümlichen (und verständlichen) Kapuzinerpredigten, sondern practisch sich bewährter gefunden hat, die Greegrees und Juju durch (Djimats oder) Amulette zu ersetzen, und den oft fratzenhaften Idolen die Gestalt eines, wenn auch langweil einförmigen, doch decent präsentabelen Heiligen unterzuschieben oder kurz gefasste Gebetsformeln eines Ave Maria, gleich der (in Tibet) an Tara (oder Dharma) gerichteten (bei weiblicher Wandlung des Spiritus sanctus in, der Gnostiker, heilige Sophia).

In der Genesis geschieht die Schöpfung durch das Wort, das sich verwirklicht, wie gesprochen, in Bildung von Himmel und Erde, und (finnisch) durch Wäinämöinen's Lukea (Beschwörungen) und Sanella (Zauberworte).

Den seelischen Vorstellungen im Primär-Zustand liegt das instinctgemässe Gefühl einer (in dichotomischen und [triadischen oder] trichotomischen Controversen fortgesponnen) Seelendoppelung zu Grunde, die Unterscheidung einer psychischen Entelechie in (psycho-)

physischer Constitution von organisch einwohnender Lebenskraft, womit in Uthlanga's Urquell verfliessend (bei den Bantu).

Daher in (Birma's) Leipya die Abtrennung der Traumseele (mit ethnischen Parallelen allüberall), die Nebeneinanderstellung lebender Uhaina ola und todter Uhaina maka (auf Hawaii), die Wandlung der Hambaruan, als anthropinische Modifikation der Gana in Liau (bei den Dayak), der Tounu mahahain und Tounu matatoh (auf Ambon), und wie Sisa (neben Kla) gespensterisch spukt am Grabe (in Guinea), wird dort (in China) der dritte Seelentheil zurückgelassen (neben dem auf der Ahnenflagge zur Hauskapelle zurückgebrachten und dem in jenseitige Rangordnung eingegangen).

Wie von den Nitu aus alter Liebeserinnerung fortgelockt, wird die Wanderseele von den Ejaboth und sonstigen Buta (beim Einfahren) geschädigt (im Krankmachen), und der Nita (als Alp) klopft auf der Brust, „om de Sumangan er uit te halen" (s. Riedel). Wird die fortgewanderte Seele vom Gitetakilal zeitig noch (s. Boas) gehascht (vor Proserpina's verhängnissvollem Abbiss), kann sie zur Herstellung zurückgebracht werden, wie aus dem Pura dalam (wenn an Durga oder Kali noch nicht verfallen).

Was so (und anschliessend weiter) in unbewussten Ahnungen schon gedoppelt sich empfindet, und in den Psychologien der, einer Weltkenntniss (wie durch Ueberschau des Globus erst gewährt) noch entbehrenden, Weltweiser die seltsamsten Verrenkungen erhalten hat, gelangt zu seiner naturgemäss gesetzlichen Klärung aus den Wechselbeziehungen auf einer der Gesellschaftsschichtung (des Zoon politikon; unter seinen Wortschöpfungen) gekräftigt emporwachsenden Denkthätigkeit aus ihren, in psycho-physischem Stamme eingeschlagenen Wurzeln, die durch die (aus den Lehren des [mit Stimmen des Logos redenden] Nous) zugeführte Ernährung die Befähigung erlangen, zum Abschluss unabhängig selbstständiger Festigung (in eigener Persönlichkeit).

Der aus Vergleich mit starrkalter Leiche beim Tode besonders treffende Unterschied des (materiell) Körperlichen und (immateriell) Geistigen entnimmt den Vermittelungsbegriff des Seelischen (mit anschlüssiger Möglichkeit einer Doppelung für den Traum, in Traumesseele) dem warm lebendig Durchströmenden zunächst, das sich aus Physischem zu Psychischem verlängern mag (entelechetisch), auf dem

Bereich der Sinnesorgane, bei Ausdehnung ihrer vorgestreckten Fühlfäden (psycho-physisch).

Wenn hier auf dem Wildzustand (bei Wandlung der Uhane ola in Uhane maka) gespenstige Personification statt hat, so entspricht die der einer (umgehenden) Pestfrau oder (reitenden) Choleragöttin, eines Banaspati (im Eindruck der Waldeinsamkeit), der Phi und Begu in all' ihren Vielgestaltigkeiten (u. dgl. m.).

Dass solchartige Verbildlichung der Lebenskraft (wie mit spiritistischem oder theosophischem Gefasel aus Vergreisung ins Kindliche rückschlagend) im naturwissenschaftlichen Zeitalter demjenigen widerspricht, was mit der Bezeichnung als Kraft ausgesagt sein soll, liegt offenkundigst auf der Hand. Durch Kraft symbolisirt sich ein unter bestimmt umschriebenen Erscheinungen ablaufender Prozess, um dessen Ursächlichkeiten unter einer Namensrubrik zusammenzufassen.

Die Wärme (-kraft) bringt das Wasser zur Verdampfung (durch Umsetzung flüssigen Aggregatzustandes in verflüchtigten), und solcher Dampf mag grosse Dinge thun, Dampfmaschinen treiben oder in Dampfkesseln auskochen, und was sonst ihm beliebt, dem „Hans Dampf", aber wenn das Feuer erlöscht, sinkt das Wasser gleichgültig kalt auf sein Niveau zurück, und mit all' dem Gedampf ist es dann vorbei (trotz dunstigen Gedusels darüber).

Auf derartig windig in einem Wolkenkukuksheim mythologisch fabrizirten Stützen lassen sich die Hoffnungen auf ein Jenseits nicht länger emporbauen, seit durch physiologische Reform die Lebens-Kraft ausgetrieben ist (vorbehaltlich ihrer modern aufgefrischten Frisirungen). Das, was im Denken zeiträumlich überragt, kommt ihm von seinem Nous, der, so lange ἔξωθεν (oder ϑύραϑεν) hinzugetreten, seine Abstammung auf einen πατηρ ἀνωνυμος zurückführen mochte, der jetzt indess deutlich als Logos zu reden beginnt, aus den Wortschöpfungen der Gesellschaftsschichtung, unter geographisch-historischen Differenzirungen ethnischer Elementargedanken (im Menschheitsgedanken), und hier ist nun jedweder der integrierend mitwirkenden Persönlichkeiten die Aufgabe gestellt, den eigenen Zifferwerth sich zu substituiren (soviel sie es werth — oder sich selber).

Die künftige Welt eines Jeden steht fertig aus dem, was im Leben hienieden verständigerweis (gesundheitlich lebenskräftig also) geschaffen ist, dem Vernunftgesetze gemäss, im einheitlichen Abklang mit den die jedesmalige Weltanschauung durchwaltenden Gesetzlichkeiten kosmischer Harmonien, die leicht verständlicher im kleinengen

Kreise pflichtgetreuen Beisammenseins wiederklingen (oder fachwissenschaftlich vertiefter Disciplinen), als in weitumfassender allgemeiner Umschau, da es für den, der in die hier mit Verirrung bedrohenden Labyrinthe sich hineinwagen will, vollst ernster Thatkraft bedarf, um sich nicht hoffnungslos festzurennen, wie in der metaphysischen Sackgasse, worin die Arupa feststeckend geblieben sind, als über die goldene Mittelstrasse in Abzweigung der Megga, vorbeigeschossen (aus Verspeculirung in überspannten Speculationen).

Da zur Verlängerung des hinschwindenden Lebens weder die Unsterblichkeitstränke, welche (in Vai-ora oder anderem Lebenswasser des Amrita) von Tao-sse gesucht sind, noch vicarirende oder substituirte Menschenopfer für Durga oder Kali (Kala's Sakti in allverschlingender Zeit) sich bewährten, so hatte man sich schliesslich darin zu finden, die abscheidende Seele dahingehen zu lassen, vielleicht in der Umkleidung ihrer Linga- oder Sukshma-sarira (im Astralleib). Da solch' ätherische Umhüllung indessen energischer angelegten Characteren (zu patristischer Zeit) nicht genügend schmeckte, für den Vollgeschmack chiliastisch erhoffter Seeligkeit, war das Dogma von der Fleischesauferstehung zu urgiren, nach dem Vorbild des aus dem Grab erstandenen Leibes.

Wie die in Erde, Wasser (oder dem Magen von Wildthieren vielleicht) zerstreuten Elemente sich wiederum zusammenzufinden hätten, verbleibt eine Controverse seit (und vor) St. Augustin's Zeit, und der Prophet des Islam bevorzugt den organischen Entwickelungsgang, unter Festhaltung an der Heiligkeit des „Os sacrum" oder (s. Hughes) Ajbu z' Zanah (das Schwanzrestüberbleibsel, „the rest of the tail"), das durch den vierzigtägigen Regen am jüngsten Tage (Algaumu l' Akir) im Zeugungsschlusse auszuschlagen hätte (wie das rabbinische Knöchelchen Luz durch den Himmelsthau) zur Neugestaltung des (die aus Izrael's Posaune geblasenen Seelen erwartenden) Körpers, für Wiedervereinigung und häuslichem Hader darüber, wer von den beiden die Schuld zu tragen habe (und die demgemäss etwa drohenden Strafen).

Solch' physiologischen Anschluss findet der Dayak im Fortwachsen der Haare und Nägel, die beim Tiwafest der in Lewu-Liau gewandelten Hambaruan nachgesendet werden, für leiblich neuen Aufbau, während anderswo die Nägel abgeschnitten werden (und, wenn nicht verbrannt, dem Begrabenen eingebündelt beigelegt), um den Revenant, dessen Rückkehr vielleicht zu fürchten sein könnte, der Klauen zu berauben, die zum Zerkratzen des Feindes (auf dessen Peinigung es abgesehen sein möchte) sich brauchbar verwenden liessen.

Immerhin bietet solche (in Nishkala, dem Sakala gegenüber) überirdische Wiedervereinigung von Körper und Seele mancherlei Schwierigkeiten naheliegender Art, und ob der in eschatologischen Discussionen (s. Oswald) unmassgeblich unterbreitete Vorschlag, die im Jenseits nutzlosen Gedärme mit Wohlgerüchen zu füllen, für Batara Guru's Einwendungen befriedigend gewesen sein würde, steht dahin, zumal die Mischung von „Wohlgeruch und Stank", als Tan Proat's (für Swargaloka abgeholte) Seele aus treuer Eheliebe lieber ihrem in Naraka bratendem Gatten sich zuwenden wollte, durch Wunderzeichen die gesammte Weltordnung in Störung zu bringen drohte, und die ihre Rechtsbücher durchstöbernden „Dewa" keinerlei Vermittelungswege aufzufinden vermochten. Als (im Mengakat) der verliebten Seele der Prinzessin, die von dem Liebhaber nicht getrennt sein will, zugestanden ist, nach ihrer Leiche zurückgeführt zu werden, rathen ihr die engelisch verklärten Widodari, vor dem Einfahren besser das Gesicht zu verhüllen, um sich nicht vor all' dem graulich Grauenden zu entsetzen, was in dem zur Verwesung bestimmten Schmutzsack drinnen steckt, und einer (in verfeinerter Geschmacksempfindung) bereits beseeligten Seele („hatma ne moelya") ebenso widerlich sein muss, wie der (von Cannibalen willkommen herausgewitterte) Geruch von Menschenfleisch den Dewa, die deshalb Protest einlegen, als Indra seinen Bastardsohn (den Gründer Ankhor-Vat's) in den olympischen Hofstaat einschmuggeln zu können meint.

Der die indischen Religionen durchwehende Erlösungszug gipfelt deshalb in der seelischen Loslösung von irdisch Körperlichem, und auch wo das Eisenrad der Karma den Umschwung unter vielerlei Wiedergeburten (der Metasomatosen oder Metempsychosen) noch in petto hat, bleibt für ernstliches Wollen doch die tröstende Aussicht, dermaleinstens auf den Pfad der Megga zu gelangen (um einzugehen zur Befreiung).

Ueber das künftige Geschick der Seele, ob und inwiefern zusagende Einbehausungen sich finden lassen möchten, entscheidet der mythologische Ausbau des Universums, aus Schöpferkraft der — als $\vartheta εολογοι$ (s. Aristotl.) mit den Götterwelten vertrauten $ποιηται$, die auch den Hellenen ihre Götter geschaffen (nach dem Dictum darüber, in den Büchern des Geschichtsvaters).

Für das Verständniss einer beherrschenden Weltanschauung sind deshalb zwei Gesichtspunkte im Auge zu halten, einmal mit Rücksicht auf das, was der Elementargedanke flüstert (mehrweniger gleichartig überall, unter localen Versionen), und dann auf dasjenige, was aus dichterisch freier Willkühr (je nach der Begeisterung durch die Musen) zur Verfügung gestellt wird, (für Einrahmung und Ausschmuck).

So lange die Psychologie einer metaphysisch umwölkten Philosophie am Seelengespenst kleben bleibt, und daran sich anklammert, haben alle Versuche fehlzuschlagen, die (physio-) psychische Entelechie substantiell derartig zu umkleiden, um materialistischen Bedürfnissen zu genügen (im „naturwissenschaftlichen Zeitalter"). Es fehlt klärlicherweis die der Induction unabweisliche Vorbedingung der Vergleichungsmöglichkeiten schon, um nach comparativer Methode zu operiren (im logischen Rechnen).

Wenn ich den Arm aufhebe, mag er zum Liebkosen oder zum Schlagen benutzt werden, auch um Monumente zu bauen, wenn Bausteine vorhanden sind, und einer neurologischen Kenntniss von den Nervenbahnen (in ihren Verzweigungen mit dem Muskelgefaser) mögen mancherlei Anhalte entnommen werden, betreffs der Leitung. Betreffs des Ursprungs solcher Leitung jedoch steckt es fest, im Willensentschluss, und ebenso bei dem, was unbehindert gezeugt wird in Denkschöpfungen (nach Gedankenfreiheit).

Hier ist die Betrachtung zu transponiren auf die immaterielle Sphäre der Gesellschaftsschichtung, wo aus den aufspringenden Hülsen der Wortgebilde dasjenige hervorblitzt, was als Bedeutung dem innerlichen Sinne zu Grunde liegt. Ein Jeder, der unter den Einzelnen des Ganzen als mitwirkender Factor darin betheiligt ist, mag den ihm rechtlich zukommenden Antheil für sich reclamiren, auf individuell unabhängige Selbstständigkeit hin, für eigenes Handeln (und demgemässe Verantwortlichkeit). Wenn aber das so constituirte Eigenselbst beschauend, ergiebt sich dasselbe nicht als unmittelbar directer Ausfluss psychischer Entelechie (wie somatisch eingepflanzt), sondern als die Reduction einer aus dem Gesellschaftsgedanken berechneten Werthgrösse, wie (oder sofern) im autonomen Theilganzen zukommend.

Es handelt sich hier um toto coelo getrennte Arbeitsfelder, für die Erörterungsobjecte der Dialectik.

Der Chemiker hat die Elementarstoffe in seiner Hand, er mag sie wandeln oder zersetzen, nach sobezüglich vorgeschriebenen Normen, aber wenn im metallischen Contact das Telegramm seinen Leitungsdrähten entlang schiesst, hier Krieg entzündend, dort Frieden spendend, mit mächtigsten Nachwirkungen für die Menschheitsgeschichte, so hat das nichts mehr mit dem chemischen Laboratorium zu thun, aus dem zu Ermöglichung die für practische Verwirklichung benöthigte Anregung hervorsprang.

Und so mit jeder Gedankenthat, zur Auswirkung auf transcendenten Regionen, und hier in Banden persönlichen Bewusstseins eingeknüpft, wie sie den anorganischen todten Metallen fehlen (so viel wir darüber wissen).

Wenn demnach, in der Sterbestunde, der „Dies natalis" (dem Stoiker) anbricht, steht dasjenige fertig bereits, was während irdischer Lebensspanne geschaffen war (in Kuson oder Akuson), und wer hiernieden, in seinen Andachtsstunden Demjenigen lauscht, was in manchem Echo fasslich zurückschallt, wird der Führung nicht entbrechen (wenn nach bestem Wissen und Willen darauf bedacht).

Die ethnischen Elementargedanken, in ihren Differencirungen des Völkergedankens, bieten Hülle und Fülle des thatsächlichen Material's für inductiv comparative Behandlungsweise, und wenn dadurch, mittelst rationell aufgestellter Gleichungsformeln, das Denken, als logisches Rechnen, auf die Gesetze organisch psycho-noetischen Wachstum's gelangt sein sollte, würde es damit seine eigenen sich vorgeschrieben haben (weil in ihnen selber wurzelnd).

Wie die Australier ihre Kinder verzehren, oder der ältere Bruder den jüngeren, um ihre Kraft in sich aufzunehmen (zur Verjüngerung), so fressen aus Liebe die Batta, in „pious ceremony" (s. Leyden), und (zum ehrenvollen Begräbniss der Kalantier) die Dagroian (s. Polo), den im Alter dahingegangenen, unter die Götter schon aufgenommen, gleich dem unter die Anitu (der Tagalen) hinaufwachsenden Greis (den Würmern nicht vergönnt, in Guyana), und so werden dann geistige Kräfte absorbirt, auch durch Bestreichen der Stirn mit dem Kalk, worauf (s. Wilson) das Hirn des Todten geträufelt ist (in Neu-Guinea).

Wenn jedoch im Culturgang die Zeit gekommen, das brutale Recht des Stärkeren (in indianischer Soldatenkaste) durch das ideale (eines Senatus der Gnekbade oder Geronten, in Grafen oder Grauen) zu veredeln, dann erkennt sich der von den Alten angehäufte Erfahrungsschatz, und der durch seinen im Sack (zum Herabsturz der Sexagenarii) fortgeschleppten Vater belehrte Kirgise führt seine Landsleute zur Anerkennung der „Weissbärte" und dessen, was sie besser wissen.

In dem Desa Bali's, wo die Alten verzehrt wurden (s. Eck), vermochte Niemand dem Befehl des Raja, betreffs eines Tempelbaues, zu genügen, da Keiner aus der unerfahrenen Jugend mit maurerischen Geheimnissen vertraut war, und freudig wurde es deshalb begrüsst, als einer der Vorfahren, der den ihm drohenden Geschicke durch die Flucht sich entzogen, in seinem Versteck (oder dem Altersdorf der Tushilango) aufgefunden und nach dem Dorfe zurückgekehrt war, wo man fortan die Bejahrten am Leben liess (dem Gebrauch des Goeling boentoet entsagend).

———

Nach beliebter Parabel entflattert der Schmetterling, als der (in apostolischen Briefen) gewandelte (Astral-) Leib einer Linga-sarira, seinem Raupengespinnst im Symbol der Auferstehung (aus Columbarien), und wenn nun, von Eros Schönheit berauscht, Psyche dahinstirbt den Seeligkeitstod, trunken aus dem Kelch brünstig auflodernder Passionen, dann wäre in der Nachkommenschaft (entomologisch vervielfachter Eier, zur Reproducenz des Larvenzustandes) dasjenige Fortleben gesichert, das der Brahmine aus den Sraddha-Opfern seines Sohnes sich erhofft (und den Römern in ihren, als Imagines umhergeführten Vorfahren bezeugt war).

Hier jedoch bleibt der Kyklos Anankeios (des Entstehens und Vergehens) undurchbrochen, und obwohl eine im (psychisch) Seelischen entelechetisch (— ätherisch) verflüchtigte Essenz länger als das grob Physische den zerstörenden Agentien rauh umgebender Wirklichkeit sich entziehbar gesetzt werden möchte, so handelt es sich doch immer nur um eine verhältnissmässig längere Dauer, wie für die Existenz der Götter in epicuräischen Zwischenwelten, oder der der Dewa und Byamha (in ihren respectiven Vimana).

Und so bleibt dem psycho-physischen Individuum jede Aussicht abgeschnitten, aus den im sinnlich fassbaren Universum festgeschraubten Bedingnissen seiner Existenz sich hinauszuretten in ein Unbedingtes, in dasjenige Absolute, das mit Auswischung der Relativitäten, auf deren Gültigkeit die Gesundheit des Denklebens basirt, auch dieses selbst von der Tafel des Daseins zu verwischen hat, sofern sie nicht etwa, unter progressiver Vervollkommnung des logischen Rechnens, mit den Formeln einer Unendlichkeitsrechnung sich beschreibbar erweisen sollten.

Die (für die Rationalität des Homo sapiens characteristische) Lebensthätigkeit des Denkens [die Offenbarung eines ἔξωθεν (in — sprachlichem — Logos) zugetretenen Nous] kommt da erst zum Austrag, wo die aus psycho-physischen Individualitäten ausströmenden Spitzen (sensualistisch tastender Fühlfäden im Sinnesbereich) auf Schichtung der Gesellschaftssphäre zusammentreffend, ihre Wortschöpfungen zeugen, für fernere Ausgestaltung derselben, im Austausch eines dialectischen Gedankenverkehrs, der (ohne frühzeitige Ablösung für metaphysische Flugversuche) engfest einverbunden bleibt, mit den im Psycho-Physischen eingeschlagenen Wurzeln, aus denen sein substantieller Ernährungssaft ihm strömt.

Innerhalb des Bereichs eines im wechselweis geräuschvollen Austausch neu geprägter Denkesweisen beanspruchten Geschäftsmarktes steht Jedem dann das Recht und die Fähigkeit zu, für temporären Rückzug (zur Ordnung seines Privatkontos), eine Isolirzelle sich aufzurichten, damit aus Betheiligung an gemeinsamer Gesellschaftswesenheit (als Zoon-politikon), die in jedesmaliger Eigenheit ihrer psycho-physischen Individualität gefestigte Persönlichkeit sich integrire, und aus den dort aufschwellenden Lebenskräften dasjenige schöpfe, was eine von den, im Sinnlichen waltenden, Vergänglichkeitsgesetzen unabhängige Durcharbeitung verlangt, auf übersinnlicher Sphärenregion unter dort eigenartig typischen Gesetzlichkeiten (in des Kosmos Harmonien).

———

Mit inductiver Behandlung exact ethnischer Psychologie wird sich das Denken mehr und mehr von den mühevollen Quälereien der Ergrübelung befreit finden, um desto üppiger mit geistigen Genüssen beschenkt zu sein.

In Zusammenstellung der thatsächlichen Aussagen, unter rationell mitsprechender Zusammenstellung, haben diese selber dann von dem zu sprechen, was sie zu sagen haben (bei zuwartendem Hinblick).

Wer hier im Gewebe von Hirngespinnsten Erklärungen sucht, hat auf einen glücklichen Treffer noch weniger zu bauen, als der Lotteriespieler auf Ziehen des grossen Looses, wo soviel mehr Nieten ihm drohen.

Wer dagegen seine Rechnungsbücher sorgsam correct in Ordnung hält, der wird bei ehrlich fleissiger Arbeit, auf sicheren Gewinn (ob grösseren oder kleineren) hoffen dürfen, sobald er sein Ein-mal-Eins gut im Kopfe hat, um keine fälschenden Fehlgriffe zu begehen (in den Gleichungsformeln seines logischen Rechnens).

Psychologisch einwohneudem Bedürfniss gemäss findet sich das auf sociale Existenz hingewiesene „Zoon politikon" zu gesellschaftlicher Unterstützung gedrängt, zum Anlehnen an eines (Bluts-) Freundes (oder belehrenden Guru's) Hand, und für die socialpolitischen Verhältnisse (im sprachlichen Verband) kann Auswahl vielerlei Art getroffen werden (wie durch die jedesmaligen Umstände bedingt).

Wenn es nun anderweitiger Hülfe bedarf für die aus Unsichtbarem drohenden Gefahren (in Krankheitsfällen und schmerzlich treffenden Unglücksschlägen sonst), wird diese aus dem, über das irdisch Sichtbare hinausliegenden, Bangsa alus zu suchen sein, in dem durch (indonesisches) Pagar aufgefundenen Sumau (in Guinea) als Ishtadevata (der Hindu) oder in dem aus dem Kreis der Abgeschiedenen in der Erinnerung hinzutretenden Schirmgeist, — durch Traumoffenbarung verstärkt vielleicht, und dann auch im Wachzustand umgehend (nachdem erweckt), weil mit sich reden lassend (im Herzkämmerlein).

Hier hat das (gläubige) Vertrauen (in Bhakti) von thatsächlichen Beweislegungen einer Befähigung (die gestellten Ansuchen zu befriedigen) abhängig zu bleiben, und wenn der heilige Patron (oder der aus „Nothhelfern" und Schutzherrn empfohlene Heilige), seine Sache schlecht versteht oder sich mürrisch obstinat erwies, wird er seinen Misshandlungen (bis zur Zertrümmerung) schwer entgehen, oder sich kurzweg an die Luft gesetzt sehen, aus dem gegen Unwetter schützenden Capellhäuschen (wo bisher tägliche Opferspeisen niedergesetzt waren).

Sofern nun also die Emissäre (oder Missionäre) eines auf Bekehrung hingerichteten Religions-System — besonders angespornt, wenn es (auf reich ergiebigem Boden) Handelsbeziehungen aufzuöffnen gilt, oder Begründung von Sultanaten (wie in Grisseh und Demak) — gegen die Verehrung von Stock und Stein zu eifern beginnen (der stummen Götzen in Nimrod's Haus, von Abraham zerbrochen), wird die mit Imposanz einer aus ferner Fremde überbrachten Cultur bekleidete Gottheit ihren Eindruck auf die Aborigines nicht verfehlen und der arme Eingeborene (vornehmlich aus dem Pariah-Stande) gerne denen sich zuwenden, die in den das Land Beherrschenden zugleich die ihn oftmals knechtenden Unterdrücker bekämpfen.

Es erfüllt mit Stolz, sich mit dem „Tuan" kirchlich gleichgestellt zu finden, zumal dann auch die weltlichen Aussichten auf amtliche Beförderung hinzukommen.

Durch Anlernung fünfmal täglicher Gebetsanrufungen wird die Protection eines „Tuan Allah" garantirt, ein „Ave Maria" oder „Namo Omito-fo" ist leicht gesprochen, und dem in Tempelstadt der Lama zur Bekehrung Geneigten, lehrten die katholischen Sendlinge die dem umgehängten Crucifix „en cuivre doré" zugefügte Formel: „Jesus, sauveur du monde, ayez pitié de moi" (s. Huc).

Das mag (in tibetischer Uebersetzung) Om, Ta-re-tu-ta-re tu-re Soaha (bei Abzählung des Rosenkranzes) lauten (oder wie die, Amitabha's Paradies eröffnende, Formel sich kürzest fassen lässt), aber die wörtliche Verschiedenheit deckt gleiche Elementargedanken (aus gesetzlicher Immanenz).

Dass die Inder unter thurmhafter Ueberwölbung die Knochengebeine eines Gottes verehrten, war den classischen Schriftstellern bereits bekannt geworden, freilich (bei damaliger Abtrennung östlichen und westlichen Culturkreises in Asien) nur in sporadisch kurzer Notiz, während überall auf dem weiten Wege, den die Pilger des Mittelreiches durchzogen, Stupen angetroffen wurden, die Reliquien (Sarira) des Meisters (und seiner Schüler) bergend, zur Verehrung durch die Besucher.

Ausser dem, was während des Lebens sich vom Körper ablösen liess — ausgefallene Zähne (in Ceylon und sonst), abgeschnittene Haare (in Rangoon), Gewänder vielleicht (auch ungenähte, je nach der Industrie) —, konnten, bei den Feuerbestattungsweisen, solche Reliquien, nur aus den Conglomeraten bestehen, wie auf dem Verbrennungsplatz gefunden, als Phedun (in [verhärtet] fleischlichen Resten) und Ring-srel (aus Knochenasche).

Günstiger war man bei dem Begraben der Leichen gestellt. Hier lassen sich ganze Mumien reserviren (in Peru oder Aegypten), und zahllos (wie der durch die Kreuzfahrer im eroberten Byzanz eröffnete Handel bewies) Gliedermassen aller Art, Beine und Arme mit Händen und Finger, auch das Schädelgerüst selber (zum Korwar).

Vom Herrn (der Märtyrer) mochte, auf Veronica's Tuch, das Porträt bewahrt werden (wie das von Sakyamuni im Tuschita-Himmel angefertigte), Thränen, die entfallen (wie Milchtropfen aus der Mutterbrust), sein Rock (in Duplikaten), Splitter des Pfählungsholzes und dergl. mehr, aber vom Leibe konnte kein Material hinzugeliefert werden, weil von der Erde fortgenommen (in Ascension).

Bei der Reliquienverehrung handelt es sich um den im „Angang" (primärsten Anfangs schon) gefundenen Rapport (durch „Pagar" im Suman u. dgl. m.); und derartig mystische Beziehung lässt sich auch herstellen, durch Participiren an gemeinsamem Mahl, bei der Eidesbindung der Fanti, wenn Familienglieder vor der Trennung, die geweihte Speise mit einander essen, und so den Tod sich selber essen, falls ungetreu, weil dem, was im eigenen Leib einmal hineingegessen, nicht weiter zu entrinnen bleibt (durch meineidnerische Schliche).

Bei dem (tibetischen) Tempelmahl Kön-chog-chi-du (s. Waddell) werden (neben den Tsog-Broden) Schädelbecher aufgestellt mit Wein (als Amrita), ersetzt durch Thee („Blut" oder Rakta), und nach Einladung der Götter und Dämone wird die durch deren Anwesenheit geheiligte Speise vertheilt (wie in Blut und Fleisch verwandelt, durch zauberkräftige Formel).

Wie die von dem Pandanda übrig gelassene Speise (auf Bali), wird die im Pura Dewa niedergesetzte bei Wiederentnahme im Hause verzehrt, obwohl eine geschmacklose, weil die „Sari" fort ist, die von den Göttern, als bester Theil, für sich selber hingenommene („Essenz" oder) Würze (im Opferduft).

Bei dem (im Sraddha-Kuchen dem Sohne aufliegenden) Todtenopfer kommt (neben Befriedigung der Bhuta oder sonst dämonischen Spuk auf den Gräbern) zweierlei in Betracht, einmal die Speisung der „armen Seelen", die, nachdem sie gegessen und getrunken verabschiedet werden (bei den Esthen), oder (in Melanesien) der, den jenseitigen Mächten — welche frisch hinzukommende Seelen (zu eigener Lebensstärkung) fressen — angebotene Ersatz, den sie, um jene zu verschonen, annehmen möchten (aus Darbringung der Nachgebliebenen).

Aehnliche Stärkung wird auch auf Erden gesucht, wenn (in Australien) der ältere Bruder den jüngeren verspeist, die Mutter das Kind (um die ihrem Leib entzogenen Kräfte wiederum darin aufzunehmen), und das kann sich dann idealisiren zum ehrenvollen Begräbniss (der Kalantier), indem in den hochbejahrt dahinscheidenden [vielleicht unter die Anitu (der Tagalen) schon hineingewachsenen] Alten, deren geistige Begabungen (ihr für gesellschaftliche Maassnahmen verwerthbare Erfahrungsschatz) absorbirt und assimilirt werden, von den Hinterbliebenen, die sonst in ihrer Unerfahrenheit des Radja's Befehl (beispielsweis) zum Tempelbau nicht hätten genügen können, wenn nicht (zum Lehren masonischer Kunstgriffe) rechtzeitig (auf Bali) ein verschollener Greis zurückgekommen wäre (in der von „Weissbärten" der Kirgisen gespielten Rolle).

Diese unterhaltende Erneuerung der Lebenskraft, wie sie die Olympier ihrem ambrosianischen Nectar, der (polynesisch) adäquaten Ernährung durch Vaiora (Lebenswasser), zu danken haben (aus Mischkrügen der Amrita vielerlei Art), wird den (zu Ackerbauern veredelten) „Brotoi" alltäglich gespendet in der Kornfrucht, bei deren Verzehrung deshalb ein frommes Gemüth die Libationen nicht unterlassen wird, oder sie ersetzen durch ein Tischgebet (in Bitte um das tägliche Brot und Danksagung dafür).

In Tisno-Wati's Gaben wird (auf Java) die als Mani, — „Manik is dat gedeelte in een pit of zaad, waaruit zich iets ontwikkelt" (s. v. d. Tuuk) —, zum Juwel versteinerte Quintessenz der Swabhava (für Svabahavika Nepaul's) eingesogen, (aus Ratna Doemilah im Mutterschooss), die Concentrirung selber des in Uthlanga (der Bantu) alldurchwaltenden Lebensprincip's, unter vielerlei Benamungen gefeiert (je nach den physiologischen oder physico-theologischen Theorien).

Da der Leib der (in Kla von den Karen herbeigerufenen) Reisseele unter der Erde begraben ist, findet sie sich in der Nähe jener unterirdischen Verbleibsorte, wo eine (gleich Kali-Durga oder Durga) grausige „Despoina" (oder Yama-dipati) herrscht, und auch Devi Sri (mit Tisno-Wati innigst verschwistert) wäre fast in die Gewalt Kala Goemarang's [unter den (Höllen-) Wächtern in Endoel-blekgedobo oder Naraka] gefallen, wenn rechtzeitig (durch den von Vishnu abgeschossenen Pfeil) die Schlingpflanzen sich nicht um die Beine des Verfolger's verstrickt hätten und ihn zum Falle gebracht, so dass die Göttin fortflüchten konnte, in den Leib der Königin Dharma Nastiti, um dann, mit ihrem gleichzeitig incarnirten Gemahl, (Vishnu's Incarnation), in Mendang Kamoelan zu herrschen (zum Schutz der Feldbebauer).

Der Blumen pflückenden Proserpina wurde ein traurigeres Loos zu Theil, als sie fortgeführt durch Aïdes' Drachenwagen unbedacht von dem verführerischen Granatapfel, allzu beschleunigt seine Hälfte verzehrt hatte, und so (dem nordischen Klima gemäss) im düsteren Dunkel drunten zu verbringen hat, die eine Jahreshälfte wenigstens. Wenn die andere zu athmen erlaubt „in rosigem Licht", ist dies im Ausnahmsfall durch Zeus allerhöchste Gunst creirt, denn dass der Genuss der Todtenspeise die Rückkehr verhindert, ist dem Gitekitelal ebenfalls bekannt geworden, so oft er, der Seele nachjagend, zu spät anlangt, und der Kranke also stirbt (da sie ihm nicht zurückgebracht werden kann).

Hier bot sich ein anziehendes Cultivirungsfeld für poetische Allegorisirungen, wie sie sich auch der ihrem Raupenzustand als Schmetterling entflatternden Psyche entnehmen liessen, und nichts stand also im Wege, unter den Mysterien eleusinischer Weihen die Teletai mit Dramen zu unterhalten, wie sie, dem Zeitgeschmack nach, ihnen gefallen möchten, zumal es auch an Erfrischungen nicht fehlte [bei Speisung mit (Kuchen-) Brod und Wein].

Das Toja-thirta, in seiner Version als Weihwasser, ist überall bekannt. Die Bali-aga (eines Bangsa-tanih) bereiten es durch Hinsetzen in die Götterhäuser oder auf das Grab eines heilig Verstorbenen, um mit der Ausdünstung seiner Heiligkeit durchdrungen zu sein, und die mit Mantra bewanderten Pandits der Chatur Tjalma murmeln (unter Eintauchen von Kusa-Grass) ihre Formeln (aquatiler Benedictionen).

Feurig anregender, als Wasser, durchwärmt der Wein, wo solcher Rauschtrank durch die Sila erlaubt ist (und in rother Farbe symbolisirt sich leicht eine blutige).

Ob es ausserdem substanziellerer Nahrung bedarf, hängt von der Ansicht über die Ausscheidungen ab.

Die Deva begnügten sich mit ihrer Mrita, die Theoi haben dem Nectar noch Ambrosia beigefügt als Zuspeise, die bei Vegetarianern auf Ceres' „reine Gaben" beschränkt gehalten, bei cannibalischer Tendenz der Lüsternheit nach Fleisch nachgeben mag und dann steht, über dem Elephanten noch, der Mensch als höchster, in brahmanischer Opferscala. Sofern es sich also ermöglichen sollte, eines Deva (oder eines anderen Gottes) habhaft zu werden, um ihn hineinzuschlingen, so wäre damit der Schlusspunct erreicht, um seiner Natur direct theilhaft zu werden (und der Seele ihr künftiges Geschick zu garantiren; in willkommen ans Ohr schlagenden Versprechungen).

Solchartige Beziehungen kreuzen verschiedentlichst vielfach durcheinander, und unter welchen Combinationen sich die eine oder andere Phase im Dogma fixiren (und dann leicht anachronisiren) mag, hängt von den mitbedingenden Umständen ab (im culturhistorischen Entwicklungsgang).

Das eucharistische Sacrament war freilich schon den Kirchenvätern (zu Chrysostomos Zeit) als ein „grausiges Mahl" erschienen, im Rückblick auf die Mysterien, woraus das Ceremonial entnommen — und mystisch trunken Umrauschten, ist mancherlei (auch im Glaubens-Symbol nach Ansicht des der Synode präsidirenden Imperators) erlaubt (weil eben unzurechnungsfähig) —, aber unserer lieben Frau gesunde Vernunft (der heiligen „Sophia") eine logische Definition zuzumuthen, war menschenmöglich dann erst, als Madonna, „unsere liebe Frau", von der Erde fortgenommen, im Himmel wohnte, auf dem Schooss der Trinität (für Liebhabereien etwa, welcherwegen Bathara Guru aus Eifersucht entbrannte gegen Vishnu auf Erden).

Neben dem (durch Genuss des Blutes oder Rakta [als „Amrita" im Thee] sowie der [Kuchen-] Bröte oder Tsog [mit Buddha's „Cake"]. die Gemeinde gemeinsam [mit Göttern und Dämonen] einigendem) Bundesmahl Kön-chog-chi-dü (nach Art der Agapen), besitzt der tibetische Cult noch die (in den Augen des römisch ordinirten Priesters, als satanische Nachäffung der Eucharistie grinsende) Ceremonie Tsegrub, „the obtaining of (long) life" (s. Waddell), wobei neben dem Tse-chan oder „wine of Life" (consisting of beer in a skull bowl) und den „wafers of flour and butter and rice" (Chimar) die (eingegebenen) „pills of life" (Tse-bum) auf den Altartisch gestellt werden.

Der rituelle Zweck zielt auf Herstellung des (durch Kusa-Gras geweihten) Lebenswassers, den Verehrern in die Hände gegossen aus dem Gefäss Tse-bum („the vase of life") oder Tibum (als Monstranz erhoben), nachdem hergestellt (mittelst des Vajra) durch (directes) Abzapfen aus Amitayu's oder Aparamita's Statuenbildes — so dass wie bei Berührung am Saum des (damals also noch nicht ungenähten*) Kleides) eine „Kraft" ausgeht („part of the divine essence of that deity") — oder aus dem in seinem Schooss gehaltenen Almosentopf; die Essenz der Ernährung bergend (wie das Gefäss Tjoepoe Manik Hastogino im Manik-Maya).

Je excentrisch höher religionsphilosophische Speculationen (suprarationalistisch und supra-naturalistisch) sich emporschrauben, desto läppisch sinnlos wirrer vertakelt sich das ceremonielle Ritual, in den für Befriedigung populärer Glaubensbedürfnisse bestimmten Cultushandlungen.

Nachdem das „grosse Fahrzeug" des Mahajana (auf dem Buddhagama) in seinen (wasserblasigen) Ballons zum Nec-plus-ultra gelangt

---

*) Zur Uebung des Hisbu 'l buhur (in sufischer Mystik) wird „an unsewn dress" getragen (s. Imada sel-din).

ist, Alles dasjenige amalgamirend, was auf Himmelshöhen von Maitreya (in Tuschita) an Asanga offenbart ist (für Fortführung der Yoga-charya zur Mantra-yana), sowie was tiefunten aus uralten Naga's Geheimnissen durch Nagarjuna gelernt ist, nachdem also die Extreme der Weisheit an äusserst erreichbaren Enden (am Droben und Drunten) von den Lama absorbirt sind, fallen sie in die kindischen Mummereien maskirter Skeletttänze (mit anderem Puppengespiel) zurück, sowie in die plumpsten Beschwörungen, wie dem Hexengesindel überall geläufig (nach dem Abracadabra der Landessitten).

Und so als in philosophischen Debatten der Scholastik die Argumente so überfein zugespitzt waren, dass schliesslich die Gegensätze der Nominalisten und Realisten kaum noch unterscheidbar blieben, (im confus graulich wogendem Ocean einer Allweisheit durcheinanderfliessend), wurde durch vaticanisches Decret die Frohnleichnamsprocession decretirt, und die Transsubstantiationslehren (mit anschliessenden Dogmen) gravitätischen Berathungen unterzogen von den (hierarchischen) Autoritäten theologischer Gelehrsamkeit, auf ihren von Kaiser und Königen beschickten Concilien (aus allen Enden, im Gesammtumfang damalig christlicher Welt). Die Trikaiya (Dhamma-Khaya, Sambhoga-Khaja, Nirmana-Kaja) waren, wie unter der Maske von Prosopen und „Personen" wieder Hypostasen, auf Synoden discutirt, und wenn (beim Dreimal-Eins) alle Gegensätze wechselweis sich aufheben, in Antimonien (der Madhjamika), verbleibt nur Sunyata (für weiteres Tüpfteln über solch „reines Nichts").

Ein heiliger (oder ungläubiger) Thomas der Legende erbaut (für Gondaphernes) in Indien königliche Himmelspaläste (nach Kunst der Mandjusri oder Viswakarmen) und sein in tamulischer Höhle vom Speer durchbohrter Leib wird parallelisirt mit dem des in Potala gopfählten Gautama oder (der Jainas) Gomata (im versteinerten Coloss).

Wie hier mit Thomas-Christen haben die Buddhisten des Nordens mit Nestorianer sich gekreuzt oder mit Sabiern (s. Kämpfer) unter den Jüngern eines — als Vorläufer des Gesalbten, dessen Taufe vollziehenden Johannes — (Johanda oder Ananda).

Was hier durcheinander gekommen, wäre vielleicht aus den Schriften der Uiguren herauszulesen gewesen sein, um (am Hofe eines Priesterkönigs Johannes) die Disjecta Membra zusammenzufügen oder die Strahlenzersplitterungen in einer Linse zu concentriren.

Daraus liessen sich deutlicher dann die Reflexe beantworten, wie hineingeworfen in die verdünnte Atmosphäre des [die vom Affenpatriarchen (dem Ehepaar Prosimpo-pa und Prosimpo-ma) Stammenden beherbergenden] Hochlandes, wo die Missionare Cultushandlungen trafen, die als eine Nachäffung des kreuzfeindlichen Gott-sei-bei-uns auf sie zurücktrafen, als mit den Lamas zusammentreffend (in tibetischen Klöstern).

Die Uebereinstimmungen im Priester-Ornat und den Geräthen des rituellen*) Ceremonial finden sich aufgezählt (in Huc's Berichterstattung), und darunter soll auch die Eucharistie ihr Gegenstück finden (s. Waddell) in dem Tse-grub (the obtaining of [long] life) genannten Fest, einem den Göttern und Dämonen, unter Darbringung von Oblaten (Chimar) und Tsechan, (dem durch Bier — wie, als Rakta [Blut] durch Thee [beim Kön-chog-chi-du] — ersetzten Wein) angerichteten Gastmahl, bei dem Amitayus oder Aparamita um seine göttliche Kraft angezapft wird, aus dem Almosentopf seiner Statue „through the string, as by a telegraph wire, passes the divine spirit"), und zum Handeintröpfeln des in emporgehobener Monstranz (als Tibum) bei der Communion ausgetheilten Weihetranks, fehlt auch der Spiegel**) nicht, zum Herabziehen der Gottheit, im Wasser reflectirt (beim Niederwerfen des Spiegelbilds).

Es fehlt indess der Kernpunct — da die zur Herstellung der Unsterblichkeitstränke (gleich Amrita) oder Lebenswasser (Vai-Ora) handwerksmässig geübte Technik (im zugehörigen Stande, für Weihe des Toja-Tirtha oder Weihwasser) durch (vedische) Mantras (mit eingetauchtem Kusa-Grass) allzu (welt-) bekannt (auf der [Erden-] Welt in „katholischen" Benedictionen [Kud'chor]), um einer Erwähnung zu bedürfen —, es fehlt das typisch Characteristische des Mysteriums im Sacrament, das schon zu patristischer Zeit (seit Justin Martyr's Vorgefühl) Schauder einjagende Opfer, das unter dem Pomp gregorianischer Messe um so wunderbarer sich verhüllte, als der Sprössling altrömischer Senatorenfamilie in der Tiberstadt inthronisirt war.

*) The liturgy of Kwan yin (s. Beal) bears a singular likeness in its outline to the common type of the Eastern Christian Liturgies (in China).

**) Bei Vollziehung des (lamaischen) „Sacrament" („die hohe Messe oder das Erlösungsgebet des heiligen Brodes Thusseljen Elkijahi") wird „der Spiegel, der die Bildnisse des heiligen Schigemuni von oben herab empfängt, hoch aufgehoben" (s. Klaproth), zum Uebergiessen mit (heiligem) Wasser (und dessen Vertheilung), und so ist hier das Emporheben (zum Aufzeigen) indicirt, während die Monstranz, was gezeigt werden soll, hinter ihren Wänden dem Blick entzieht im sacramentalen Mysterium).

Bei frisch bekehrten Barbaren fasste man die Sache plumper auf, und Paschasius liess mit dürren Worten den Leib des Gekreuzigten in Brot und Wein dareinstecken (en miniature), wenn die (Umwandlungs- oder) Einsetzungsformel gesprochen wurde.

Sein Streit mit Ratramnus wiederholte sich zwischen Berengar und Lanefranc, und oft im Laufe der Jahrhunderte haben die Kirchenlichter getagt und genächtigt, bis, um diesen mit tiefsinniger Gelehrsamkeit die Köpfe beschwerenden Controversen ein Ende zu machen, die Transsubstantiation dogmatisch festgestellt wurde (durch Innocenz III.).

Um dieses unter schweren Wehen zur Welt gebrachte Kunstproduct westlicher Civilisation (aus den religiösen Phasen ihres Durchbildungsganges) auf seine Elementarstoffe (ethnischer Elementargedanken) analysirend zu zerlegen, mag von den aus aztekisch-toltekischem Ritual (bei Sahagun) beim Fest des „Gotteskauen" u. dgl. m. zur Vergleichung gebotenen Analogien vorläufig abgesehen werden, um zunächst auf diesseitiger Hemisphäre zu verbleiben, und dort bietet auch das von den Buntmischungen des Mahayana unberührte Hinayana Anhalte (zur Rücksichtnahme).

Auf dem (trotz seiner mit Göttern vollgepfropften Himmel) götterlos atheistisch rubrificirten Buddhagama fehlt der Persönlichkeitsgott (soweit nicht in einem Adi-Buddha verehrt).

Die starr orthodoxe Secte Siam's in Langka verwirft deshalb, bei Darbringung von Opfergaben an Mönche und Nonnen die Anreihung Buddha's, welche durch die Secte Amaravati's dadurch gerechtfertigt wird, weil sie in der auf den Altar gestellten Reliquie die Mittel an der Hand hätte, zur Herstellung eines mystischen (oder magischen) Rapports.

Das ist klar deutlich genug, in Sprache der Elementargedanken gesprochen, denn der [von über- (oder ent-) geistigten Spiritisten (ein „lucus a non lucendo", da der Spiritus entflogen) als Wundergethier angestaunte] Rapport ist auf dem Wildzustand so geläufig und gewöhnlich, wie das tägliche Brod (bei Speisung aus religiös umgebender Atmosphäre).

Die ganze Vielseitigkeit dessen, was aus dem Detail nach incongruentesten Conglomeraten zusammengestoppelt, bei systematischer Generalisation als Fetischismus definirt werden soll, kommt am letzten Grunde darauf eben hinaus (auf diesen Rapport, so und so).

Der Indianer stellt seinen Rapport mit dem Totem her, bei

Ausverwertung im Meda-Ceremoniell, der Nigritier mit dem Suman zum Hausgebrauch, der Indonesier in der Mustika durch Pagar (oder Angang), und so überall unter mehrerlei Versionen.

In Mehrzahl handelt es sich dabei um dämonische Neben- oder Untergötter, wie sie in irdischen Schichtungen umhertreiben, und wenn also aus dem (in Palladien) vom Himmel Gefallenen (oder Geworfenen) mit oberer Gottheit gleichfalls ein Rapport eingeleitet werden kann, dass dies dann besonders willkommen sein wird, ist erklärlich genug (auch für die Bewahrung vererblicher Pusaka).

Der (die Mitmenschen hypnotisirende) Rapport, der in allerlei Arten und Weisen die Schwächen der Dämonengötter auszunutzen weiss, ist in sich selbst erklärt, und bedarf einer Rücksichtnahme nur für jene buddhistischen Controversen (je nach den Ansichten vom Nirvana). Der auf den Megga zur Bodhi (des Neibhan) eingezogene Buddha ist, „dahin- (vorüber-) gegangen", als Thatagata, unwiederbringlich (ohne Wiederkehr). Die im Glanze überhimmlischer Meditationswelten strahlenden Dhyana-Buddha beflecken sich nicht mehr mit dem Irdischen, und senden (als geistige Söhne) nur ihre Bodhisattawas hinab, die an der Schwelle des zur Erlösung führenden Eingangsthors, aus Mitleid mit leidender Menschheit, zum heroischen Entschluss einer Rückkehr gelangten Arhant's (um etwa einen bei letzt strengster Prüfung in sein Geheim-Versteck noch aufgefundenen Sündenrest zu sühnen; für endgültigen Abgleich).

Incarnationen im Sinne der Avataren, wie von Batara Guru (je nach Willkürsbeschluss) den Deva auflegbar, sind im Buddhismus ausgeschlossen, da der Cyclos anangkeios der Wiedergeburten sich in Karma's eisernem Umschluss fest geregelt findet, auch für den Niedersteig aus Tuschita in Mayas*) Leib (wenn die Zeit dafür gekommen).

Zur Erinnerung also an Buddha bleibt nur der Nachhall dessen, was als Gesetz von ihm gepredigt war (ausklingend allmählig wieder, mit dem Ablauf der Kalpe).

Insofern ist es mit Reliquien, zum Erinnerungszeichen ärmlichst bestellt, auf das zunächst reducirt, was sich während des Lebens vom Körper ablösen liess, in Zähnen (die Pilger hinziehend nach

---

*) Als schöner Jungmann der Dewi Marjam entgegentretend, blies Djoborael „op the mouw van haar kleed, en zoo drong het profetisch licht naar binnen, in de diepste van't hart" (djoemolo), nach dem Anbio (s Hoeger) in malayischer Version (der Koranlegenden).

Dantapura), in Haaren (unter Schwedagoungs Pagode), in Kleidungsstücken des (nach Mönchsvorschrift) stückelig geflickten Gewandes [oder eines ungenähten, je nach der (in Industrie der Landessitte) üblichen Manufactur], unter Paribbogika (mit gebrauchten Geräthen, wie der Essnapf u. dgl. m.).

Dazu kommen, was die Uddesika liefern können, wenn von dem zu Tawastrinha durch Ajatasatru ausgeschickten Maler ein Porträt aufgenommen ist (ähnlich dem auf Veronica's Tuche abgedrückten), oder der (auch von Bochica hinterlassene) Fussabdruck, (wie auf dem Oelberg*) gleichfalls sichtbar, vom Abatoss zur Ascension).

Hat indess nicht bei lebendigem Leibe die Entrückung stattgefunden, sondern eine Auflösung auf gewöhnlichem Wege des Fleisches, so muss, da der in immaterielles Jenseits entrückte Geist des Manushya-Buddha während seines Erdenwallens in einem leiblichen Körpergehäuse gesteckt hat, von demselben (bei Unzerstörbarkeit des Stoffes) Irgendwas übrig bleiben, was materiell gepackt werden kann (in den Sarira).

Freilich entgeht einer Feuerbestattung der der Beerdigungsweise inhärirende Vorzug, mit Gebeinen der Märtyrer einen gewinnbringenden Handelszweig zu etabliren, der besonders bei seinem Aufschwung auf der, die byzantinischen Schatzkammern plündernden, Kreuzfahrt Europas Kirchen bereichert hat.

Auf solche Ausbeuten ist in tropischen Klimaten nicht zu hoffen [während in austrocknenden der Leichnam (in Aegypten und Peru) mit Haut und Haar, als Mumie reservirt werden kann], und so hätte man in Indien darauf zu verzichten.

Jedoch beim Durchstöbern der Verbrennungsreste auf dem Scheiterhaufen wird sich immer das Eine oder Andere herauspicken lassen, in Fleisch- oder Knochenconcretionen (Phedum und Ringsoel) und für die Zuletztkommenden bleibt dann wenigstens die (Kohlen-) Asche (in Kusinagara).

Je härter compact der Knochen, desto resistenzfähiger, und so wird das Knöchelchen Luss (am Steissbeine) oder (s. Hughes) Ajbu z' Zanah („the rest of the tail") mit immanirender Essenz geschwängert, um am jüngsten Tage den (am Tiwah-Fest in Haar und Nägel nachgesandten) Stoffkörper organisch aus sich wieder hervorwachsen zu lassen, durch welche Hypothese den Kirchenvätern viel

---

*) On the stone appears the mark of a foot, a smal chapel is erected over the stone and contains four or five lamps (s. Hillier), auf dem Oelberg (1800 p. d.).

Kopfzerbrechen gespart worden wäre, über die Wegrichtungen, auf welchen die zerstreuten Theile des Körpers (besonders wenn derselbe von einem Wildthier etwa gefressen und assimilirt wäre) sich neu zusammenzufinden hätten (bei des Fleisches Auferstehung).

Der Schädel (oder sein Dach) verbleibt zum Korwar dienlich, wenn von der Familie gehütet, aber der lockere Kinnbackenknochen, weil für Zauberstücke (Maui's) brauchbar, wird gern entwendet (zur Benachtheilung craniologischer Sammlungen und zum Aerger ihrer Pfleger).

Bei höheren Aspirationen, wenn das todte Kopfskelett nicht genügt, wird der Kopf des Lebenden gejagt (von den „Kopfschnellern"), auch aus religiösem Motiv, so dass der im Ural erscheinende Heilige sich vom Abschneiden seines Kopfes bedroht sah, weil die „benighted natives" denselben als wirksamstes Heiligthum bei sich zu bewahren wünschten, mit dem Seelengeist selber noch darin (ehe ausgefahren, beim Haarauszupfen des Po-bo). Dem (in China) geköpft Begrabenen wird ein Holzkopf beigelegt (zur Restitutio in integrum).

Wenn die Kalantier den Alten im Leibe der Nachkommen ein ehrenvolles Begräbniss vorbereiteten, hatten sie Gelegenheit, den aus Erfahrung angesammelten Wissenschatz sich anzueignen (der in Bali lebend nachgeliefert wurde).

„The stupa enshrines the spirit of the Buddhas of the ten directions and of the Buddhas of the tree times and of all the Bodhisats and it holds the Dharmakaya" (s. Waddell), heisst es im Buch des Fremdenführers am Pilgerplatz Ja-run-ka-sor chörten).

Zu derartig gigantischen Aufspeicherungen kann allerdings nur die Vollkraft des Mahayana befähigen, und die Anhänger des bescheideneren Hinayana sind froh genug zufrieden, wenn sie ihr Reliquienkästchen zur Hand haben, um auf dem allüblichen Weg der Elementargedanken (mutatis mutandis) einen Rapport herzustellen, kraft derjenigen Beschwörungsformen, wie vorgeschrieben (oder probat erachtet).

Ist nun so oder so ein Wechselverkehr in Gang gebracht, können die Anliegen zum Vortrag gebracht werden, in Gegenwart der Reliquien.

Der Weisheitsdurstige mag damit die Stirn sich reiben (wie bei papuanischen Leichenceremonien vorkommt), wogegen der sinnlicher Gesinnte wahrscheinlich zuerst nach den Lebensverlängerungsmitteln fragt, den aus Florida's Jugendquelle (wie auf taoistischen Seefahrten gesucht) auf Flaschen gezogenen Unsterblichkeitstränken eines Vai-ora oder Lebenswassers, und dabei mag dann ein Imbiss schmecken, wenn dem Nectar noch Ambrosia zugefügt wird oder die „Teletai" Brod und Wein genossen (in den Zwischenacten des eleusinisch nächtlichen Dramas).

„Wundervoll ist Bacchus Gabe", und so spielt der Wein eine erste Violine unter den ecstatischen Berauschungsmitteln.

Odhin beschränkte sich auf seinen Gebrauch, beim „leckeren Festmahl", wenn die Einheriar am fetten Eberrücken prassten, und wo die Zahl der Vegetarianer in Minorität bleibt, wird fleischliche Nahrung als zwingend erachtet werden, für normale Erhaltung des Fleischeslebens, so dass auch cannibalische Lüste sich zu regen beginnen.

Der ältere Bruder (in Australien) verzehrt (s. Stanbridge) den jüngeren, um dessen (Lebens-) Kraft sich anzueignen, die Mutter das frisch geborene Kind, um zurückzunehmen, was dieses ihrem Leibe entzogen.

Unter civilisirteren Verhältnissen mögen für solche Zwecke geheiligte (oder permanent schon heilige) Thiere substituirt werden (wie der Bock auf Moriah), aber es verbleibt die Reminiscenz in brahmanischer Opferscala, dass der an Spitze des Thierreichs stehende Elephant noch eine Steigerung darüber hinaus zulasse, wodurch ein Menschenopfer gefordert wäre (in punischer Hingabe der Erst- oder Eingeborenen, als Liebsten), und dann bleibt der nächst höhere Schritt, sich das dem Menschen in der Existenzenreihe vorangesetzte Wesen zur Opferspeise zu kiesen, wenn es sich einfangen lassen sollte (in einem auf Erden verirrten Gott).

Wie das Bluttrinken des Freundes (zur Blutsfreundschaft), gewährt eine innigste Vereinigung das gemeinsame Essen heilig geweihter Speise (im Eidesschwur der Fanti), weil nun ein Jeder der Theilnehmer unter dem Banne dessen steht, was er hineingefressen im eigenen Leib (zum Guten oder Bösen), wie beim Trinken (siamesischen) Eidwassers (als Mutukau, im Schwur der Molukken).

Immerhin jedoch, in Vorbedingung, damit die Maschinerie eines Heilsapparates in Bewegung gesetzt werde, muss irgend etwas gegeben sein, zum fasslichen Einhacken, und wenn bei Liebesmahlen nichts anderes vorhanden ist, als die Einsetzungsformel, mag diese verwendbar gestellt sein (aus Schöpfungskraft des Wortes oder Logos).

In der durch Buddha's Anwesenheit auf Erden beglückten Zeitperiode kann demselben (durch religiöse Culthandlungen, wie sie sich bieten) Ehrung und Verehrung dargebracht werden, was dagegen aufhört beim Abscheiden des Vollendeten, der dann nur Gegenstand philosophischer Betrachtung bleibt, zur Nachfolge seines Gesetzes (im Buddhismus, als Religionsphilosophie).

Solch' meditative Anbetung kann nur das Privileg der Wenigen bleiben, welche durch die dafür vorbedinglichen Existenzverhältnisse begünstigt sind, während die grosse Durchschnittsmasse ihre (im Sprechen der Bana) gelieferten Gesetzeserklärungen treu gläubig hinzunehmen hat, ohne aus eigener Initiative sich daran betheiligen zu können, in Danksagungen oder Bittgesuchen.

Für sie haben die Lamas (des Mahayana) den für Ausübung religiösen Cults beschickbaren Bereich erweitert, damit auch nach Abscheiden des Tathagata (im Manushya-Buddha) sein Abglanz in den Dhyana-Buddha unter kirchlichem Festgepränge gefeiert werden könne, und hier ist nun den Laien jede Erleichterung geboten, um die aus theologischer (oder hierarchischer) Apotheke der Seelenärzte zur Verfügung gestellten Heilmittel billigst zu erwerben (für sein Seelenheil) und auch die ceilonischen Buddhisten (die mit den, zum Hausgebrauch der Secten dienlich erachteten, Reliquien nicht viel anfangen können) haben, mit der altheiligen Zahn-Reliquie eine festliche Ausstellungsfeier bewahrt, durch deren Besuch die Möglichkeit aussergewöhnlicher Verdienst-Erwerbungen gewährt ist, in Annehmlichkeit eines Ablasses, wenn auch nicht in tabellarischer Genauigkeit seiner Preislisten einregistrirt.

Im brahmanischen Religions-Cult sind die Götter zugänglicher, und durch das unschuldige (aber aus seiner Einnahmequelle die Pandanda ernährende) Weihwasser (das, eingebildeten Kranken in ärztlichen Recepten dispensirte, Aqua fontis oder destillata) kann viel Gutes geschafft werden für die, welche darnach dürsten, wogegen des Islams Allah, in einzig einheitlicher Machtgrösse, allzu erhaben steht, um Mittler (oder Vermittelungs-Mittel) zuzulassen, obwohl dieselben durch das Volksbedürfniss dennoch gefunden sind, in den Wali und an den Grabstätten (der Kramat).

Erst nächstliegend wird die Wunschesregung gefühlt, für Verlängerungsfrist des irdischen Daseins Medicin zu beschaffen, und diese wird dann auf die seelische Scala des Jenseitigen transponirt, je mehr die Ueberzeugung sich feststellt, dass hienieden alles den

Weg des Fleisches zu gehen hat, und an solchen Spruch nicht gerüttelt werden kann.

Insofern zeigt sich die Einführung sacramentaler Mahle in den Religions-Culten erklärlich genug, als Consequenz primärer Denkregungen, und es handelt sich des Weiteren nur darum, welchartigerweis, betreffs einer activen Mitbetheiligung der (weil unbegreiflich proclamirt, der Begrifflichkeit entzogen) Gottheit daran, mit der sobezüglichen Erklärung, die gesunde Vernunft sich abzufinden, in Stand gesetzt sein sollte — ohne sich selber ins Gesicht zu schlagen [mit einem (aus dem Dasein ausstreichenden) Todesstreich].

―――

Im Spiel vor des Höchsten Thron hat (wie Mahadewa) eine Sophia die Welt geschaffen, und spielerisch (in neu entstandener Welt) hatten die Elohim ein ihnen gleiches Abbild geformt, und dieses geschlechtlich getheilt zur Fortpflanzung nach Art der Thiere, und so, wenn die Vermehrung voraussehend, wie zur Zeit des Raja Brahil (der Mantra's), konnte ihnen ein Schreck ankommen, über das, was weiter folgen möchte.

Immerhin hatten sie, [mit den Rechten einer, (tabuirt) ihrer Schöpfung voranstehenden, Kaste], privilegirte Reservationen sich vorbehalten, im Genuss ausgewählter Früchte (wie die Durian e. g. königliches Monopol bildeten, in Ava). Dass zu sterben hat, wer ein Tabu bricht, ist aus ethnischen Elementargedanken bekannt (bei Maori und sonst), aber der im Erdeninnern waltende Naga legt Protest ein, dass aus seinem Schoosse heranwachsende Erzeugnisse als Gift betrachtet werden sollten, auch da, wo das ein Schlangengeschlecht kennzeichnende Merkmal fehlt (unter dem Symbol des Todtenkopfes der Apotheker). Er hatte ohnedem schon mit den Dewa (oder Elohim) ein Hühnchen (oder Blümchen) zu pflücken, da sie ohne Anfrage, — wie die Mentawei-Insulaner vom Geologen verlangten — aus seinem irdischen Bereich einen Erdenkloss fortgenommen, um ihn nach Auskneten in ihrem Luftreich zu beleben, mit dem (Ruach oder) Vahu, dem (Priestern sowohl, wie Zauberern dienenden) Wind (des Anhauchen's), der seine Heiligung erhält, weil aus (Siva's) Akasa herabwehend.

Als aus Anlass des weil nicht direkt, sondern nur secundär begeistigt [dem Irdischen (im Yin) näher stehenden] und deshalb dessen Einflüsterungen zugänglicheren Weiblichen der Abbiss geschehen, war damit der unbedacht seiner Gierigkeit Gefolgte in die Gewalt umgebender Welt gefallen, wie (in Oregon) die Todtenseelen (wenn nicht rechtzeitig erreicht und gewarnt) in die unterweltliche (Proserpina's), und zugleich war damit jetzt die Erkenntniss von Gut und Böse gekommen, da ein von den Vorgesetzten auferlegtes Verbot unbeachtet gelassen (ihr Gesetz gebrochen) war.

Das neben diesem Schicksalsbaum im Paradies vorhandene Seitenstück, Leben gewährend (in periodischer Verlängerung unsterblicher Existenz), lieferte im dortigen Fall Ambrosia statt der Seeligen Trank (im Amrita oder Nectar), und dieser Baum könnte unter die Kategorie derjenigen zu rechnen sein, die (auf indischen Inseln) aus dem Himmel herabgebracht, sich von den aus dem Erdboden hervorgewachsenen unterscheiden (durch ihre Heiligkeit).

Der fernere Verlauf ist deutlich. Die in die Verbannung hinausgetriebenen Menschen verblieben trotzdem in der Knechtschaft ihres göttlichen Herrn (dessen Joch auf ihnen, als Sünder, desto schwerer lastet), und erhielten nun den Auftrag, für ihn, in blutigen Kriegen, die für Anbau geeigneten Landstriche zu erobern, und die sie bewohnenden Ungläubigen auszurotten, vielleicht aus den Städten stammend, wohin Kain geflohen [zu dessen Zeit nur diejenigen Opfer annehmbar gewesen, die in den Thieren (zu den Machwerken der Elohim gehörig) dargebracht wurden].

So lange sie demgemäss ihre Pflicht thaten, die Feinde eifrig schlugen mit des Schwertes Schärfe (nicht sie zu bekehren, um Allah's Ruhm zu erhöhen, sondern sie zu vertilgen vor Jehovah's eifersüchtigen Augen) und die Leviten genugsam versahen mit fetten Schafen und Kälbern, um den Brandopferduft emporzusenden, so lange brauchten sie die Rache ihres zornmüthig angelegten Gottes nicht zu fürchten und mochten sich der Aussicht getrösten, einstens (wenn zu den Vätern versammelt) zu ruhen im Schoosse Abraham's des Stammvater's, mit dem ein Uebereinkommen getroffen war.

Als jedoch die in Salomo's Tempel zur Akme aufgestiegene Blüthe des Gottesreiches zum Niedergang sich neigte (dem Gang der Dinge gemäss), als unter politisch veränderten Constellationen mächtigere Staaten bedrängten und schwere Unglücksfälle hereinbrachen, da konnte die Frage nach dem Warum nur im Sinne der Propheten beantwortet werden, durch Hinweis auf die Sünden des Volkes, die es sich eindringlichst zum Bewusstsein zu bringen habe.

Und als nun das Gefühl eingefleischter Sündhaftigkeit die Brust eines Jeden zermarterte, da ergrübelte sich ein erbsündlich fortgepflanzter Keim, von dem die Constitution derartig bereits durchwuchert war, dass das irdische Gefäss diese den Tod prognosticirende Krankheit nicht mehr im Stande sein konnte abzuschütteln, ohne überirdisch gewährte Hülfen, deren Ansehnungen dann in den Verheissungen eines Messias gipfelten, und den dadurch erweckten Hoffnungen auf ein besseres (und ewiges) Leben; im chiliastischen Freudentaumel zunächst, — so lange für die überüppig ausgestatteten Mahle die Provisionen vorhalten sollten (und stärken für die Aeonen des Psalmensingen's, die dann zu folgen hatten, auf alle Ewigkeit hinaus).

Als es indess auch mit dem Messias nicht vorwärts wollte, und Alle, die unter solchem Titel Aufruhr predigten gegen die Legionen des Imperator, sich als falsche Impostoren erwiesen, da trat der Wendepunkt ein, dass die bisher mit Hinblick auf sociales Gemeinwesen gedeuteten Vorstellungen jetzt, wo das politische Band zerfallen war, in der Herzenskammer einzelner Individualitäten zum Besten des persönlichen Interesse's verwerthet wurden (in pietistischen Conventikeln). Und als nun in den Herzen sich findend — aus liebevoll durchdrungener Sympathie — ein neuer Staat (im Staate) aufgerichtet worden, da war, bei dem den Umfang des römischen Kaiserreiches international durchwehenden Zeitzug, das Schiboleth gefunden für diejenigen Symbole, mit denen die aus der Classicität in das Mittelalter überführende Geschichtsbewegung geprägt steht, unter Gottes Stellvertreter auf Erden (im christlichen Staatsverband), ehe die Proteste sich erhoben, um die Freiheit wieder zu finden (für Jeden, der ihrer werth).

Unter deisidaimonischen Schrecken aus dem Unbekannten umher, wohnt dem Wilden in jedem Naturgegenstand ein Einsitzer oder Innuä, aus dem Begriffe des (zum Lebensunterhalt benöthigten) Eigenthums her, den eigenen Besitz oder den gemeinsamen des Stammes zu vertheidigen*) auf Leben und Tod, der jedem fremd das Gebiet Betretenden droht.

Die verbildlichende Gestaltungsform verschwimmt unter dem Schleier, der für rationelles Denken jedwed sinnfassliches Ding (durch sprachliche Lautumsetzung bereits) umgiebt, wird indess am nächsten menschlicher Erscheinung sich annähern, da in der unsichtbaren Welt (eines Bangsa alus) auch die aus Uhane ola in Uhane makha

---

*) Wie von den Haidah dem Entdeckungsschiffe das Wasser versagt wurde, durften auf Nusa-Radja (s M. Weber) keine Steine fortgenommen werden (weil pomali).

(aus Ngawi in Sukshma etc.) gewandelten Seelen der Abgeschiedenen dazwischenfahren, obwohl unterschieden iu Vui [oder im (senegambischen) Bestattungsbusch localisirt, und diesen speciell für sich dann eignend].

Ob Verehrung oder nur Ehrung (latreia oder dulia, in adoratio) empfangend, hängt von ethnisch mitwirkenden Umständnissen ab. Wenn, gleich des Ajaciden unruhiger Geist, im Vordergliede kämpfend, werden die im Wolkgerolle zum Kampf herbeiziehenden Ahnenseelen der Bantu von den dadurch verstärkten Anverwandten gepriesen werden, während auf Indonesiens stillen Inseln das dem Grabe (für Rückschiffung von der Geisterinsel) beigelegte Canoe nur dazu dienen mag, den traulichen Verkehr zu unterhalten, wenn nicht (wie in Mehrzahl sonst) ein gefürchteter (aus Erinuerung an frühere Rachegefühle).

Der Chinese, der pietätsvoll in der Hauskapelle den Vorfahren Opfergaben darbringt, erwartet von ihnen kaum etwelche Hülfen, die sie ohnedem nur soweit gewähren könnten, wie von dem Kaiser im jenseitigen Mandarinenenstand erhoben, und dann für die solcherweis zugewiesenen Befugnisse allein.

Wenn in üppig bunter Phantasieschöpfung der Poeitai, die den Hellenen ihre Götter schufen (nach altem Spruch) ein mythologisches System zum Ausbau gelangt, wenn, wie Bobowisi auf Bergeshöhe, Zeus Kronios seine Götter (olympischen Hofstaats) beherrscht (oder Bathara Guru auf Maha-Meru, im Yangloka der Dewa), dann werden die weltlichen Geschäftlichkeiten unter diese sich allgenügend vertheilt finden, um Mitwirkung der Bewohner Pitrilokas mehrweniger überflüssig zu machen, wenn nicht etwa aushülfsweis dazu herbeigezogen (wie im Himmel der Karen etc.). Nachdem dagegen in philosophischen Prätensionen, die im Verkehr mit brahmanisch Höchstem verwöhnten Eigenseelen ihre Bevorzugung erhalten, dann spielt es wüst und wirr durcheinander, auf den Berührungspunkten der Dämone und Seelen, auf- und niedersteigend an ihren Jacobsleitern (bei den Nachfolgern aus Plotin's Schule).

Die, im Unbekannten, aus unheimlich (mit ungelösten Fragen) Umdrängendem herausgespürte Macht eines Alldurchwaltenden, wird kenntlicher fassbar in den gestaltet umschriebenen Werken der Schöpfung, worin sich deren Hand nach besonderlich abgeschlossener Zielrichtung hin augensichtlich bethätigt hat.

Hier also (um vertrautere Fühlung zu gewinnen) wird der Ansatz gesucht, da die Natur wunderbar (und mit Bewunderung erfüllend) überall, — ob im Grossen oder Kleinen, und im Kleinsten gerade oft am meisten (weil für das Detail durchschaubarer), — von ihrem Wakan (der Dacotah) redet (oder einem Tucapacha der Tarasker).

Dass ihnen von (hochweislich) weissen Fetischfabrikanten die Verehrung von Stock und Stein aufgedrängt sei, dagegen haben die kraushaarig Schwarzen oft genug energisch protestirt (nach den Berichten darüber). Wie die Primär-Gedanken überall, sind die ihrigen getroffen von dem Eindruck eines (vor göttlicher Verklärung) dämonisch Durchwaltenden, das sich, wie in jedem Schöpfungswerke in dem Material desjenigen kund giebt, woraus, — im Moment empfänglicher Stimmung (bei „Angang" oder Pagar) —, der Suman geschnitzt oder (indonesische) Mustika angetroffen ist, anwehend (in Inspiration oder zur Offenbarung) mit jener Essenz (oder Sari), die (in culturellen Destillirkolben) verfeinerisch ätherisirt werden mag, bis zum Akasa (aus denen Siva einfährt, beim Morgengottesdienst des Pandanda), wie der Begu (als abgeschiedene Seele) in den Guru, wenn Verkehr gewünscht wird (bei den Batak).

Ein aus ihrem Thesaurus meritorum superabundatium*) schöpfende Kirche mag (in Agnus-dei Bilder) kraftvolle Amuletten (und Ablasszettel) verkaufen, oder plumpe Heiligenfiguren (die ein Abküssen vertragen) den Gläubigen aufstellen zur Verehrung, wogegen eine solche dem, den Alfuren (in Memoriam) dienenden Klotze nur dann gezollt wird, wenn der Dewa (Bali's) dahin eingezogen ist, für temporären Sitz (kraft weihender Mantra).

Die Einsitzer oder Innuä's (der Innuit), Alles erfüllend (wie Kla, Ka, Gana u. s. w.), bedingen für den Niessbrauch der Gegenstände ihre Sühnungen (bei den Athapasker), und indem das Land (auf Bali) „aan verschillende daar zetelende godheden toebehoort" (s. Liefrinck), — jedwedem „Genius loci," unter Atera oder Platzgeister (auf Roma), — sohinsichtlich also der Grund und Boden den Deva eignet, liegt es der auf demselben angesiedelten Dorfvereinigung ob, Verehrung den Deva darzubringen (im Poera Dessa), da Missachtung ihrer Rechte Strafen herbeiziehen würde, auf das Haupt des Misse-

---

*) Seit der Gnadenschatz der Kirche (in der „summa prima theologiae") durch Alexander Hales entdeckt war, kamen die von Innocenz III. päpstlich beanspruchten Vorrechte der indulgentiae plenariae zur vollen Durchwirkung in den Jubiläumsjahren (mit Benedict VIII).

thäters (und der für ihn mitverantwortlichen Gemeinschaft), wie es eindringlichst vorgehalten wird, in den aus der Gründungszeit her überlieferten Awigawig (Desareglementen).

Der Dorfgesellschaft steht die Verwaltung ihres Gebietes zu, „dat echter aan de goden toebehoort" (wong desa angertanin goemin Ida Batara).

Wenn das unmittelbar (zunächst schreckhaft) durchwaltende Gefühl des Unbekannten, das rings umgiebt, zu objectiv allgemeiner Auffassung gelangt, wird es, (aus seelisch subjectiver Rückwirkung), als Anima mundi gefasst, oder als Weltgeist im Daimonion (das mit innerer Stimme redet), sowie bei erhabenem Eindruck aus der Deitas (überragender Gottheit, im Alldurchwalten).

In gespenstigem Nebel des Bangsa alus mögen sich im Besondern dann die „Nitu" (mit Erinnerung an die Abgeschiedenen) und „Nita" unterscheiden, neben Innuä's und Einsitzer sonst, gleich Elementargeistern (für alchymistische Deutung), und hier führt dann die ätherische Wesenheit einer Essenz, auf die aus den Darbringungen genossene, als Sari (auf Bali) oder Salit (Java's), wie die Götter zu ihrem Fortbestand, die auch Menschenseelen (wenn nicht durch Dhyana — Uebungen über die Dewaloka fortgehoben, kraft gnostischer Symbole) verzehren mögen, im Soma der Pitriloka, sofern ihnen nicht zum Loskaufsgeld, Opfergaben substituirt sind, nach melanesischem Geschmack (jenseitigen Todesgott's).

Der Wildling fühlt sich in der Gewalt überkräftiger Mächte, die aus dem Unbekannten her ihn umgeben, und so ist jede Handlung seines Lebens religiös tingirt.

Alles schaut Varuna's allumfassende Wölbung, mit Argus-Augen bei Nacht, in den Gestirnen blinzelnd und in dem umwandelnden Sonnenball bei Tag („die Sonne bringt es an den Tag").

Wenn im Bangsa Alus die Nitu die schattenhaften Umrisse ihrer Eidola in der Erinnerung gespenstig (und träumerisch) bewahrt haben, dann schauen sie von ihren Verweilplätzen dem Treiben der Menschen zu, wohlwollend vielleicht (gleich Oromatua) auf die Hinterbliebenen hinblickend, aber streng zugleich ihr treues Festhalten am altgeheiligten „Adat" überwachend und Vergehen dagegen mit Krankheit strafend und sonstigen Unglücksfällen, wie sie auch allerdings von Bösgeister (gleich Nita) herrühren können, aber dann wegen Beeinträchtigung ihrer Rechte, als Einsitzer (oder Innuä), ohne sonst sittlichen Gehalt der Motivirung, die dagegen auf Bali derartig rigorös sich erweisen mag, um es bereits (neben Luxusgesetzen, wie in Reichsstädten, wo auf ein unsittliches Wort schon Todesstrafe stehen konnte) als Verbrechen zu rechnen (oder rächen), wenn der von dem Haar eines vorübergehenden Mädchens ausströmende Blumenduft mit Wohlgefallen eingezogen wird („die eene vrouw passeerende met zichtbaar welbehagen de geur oprangt van de bloem die zy in het haar draagt"); ob factisch? dahingestellt (comme chez nous).

So ist die Aufmerksamkeit beständig auf jenseitige Geheimnisse hingerichtet, und Alles liegt in Herrschaft der Unsichtbaren, ob der Abgeschiedene, ob der Geschöpfgeister, der hinabgestiegenen Götter oder da, wo sie sich mit den emporstrebenden Dämonen berühren (auf Jamblichus' Mittelgebiet).

„In een land waar de behoeften betrekkelijk gering zijn, en na voldoening daaraan nog zooveel vrije tijd overblijft, moet het in zeker opzicht een heilzamen invloed uitoefenen, dat de goden zoo veeleischend zyn en zooveel tijd aan hun dienst moet gewijd worden" (s. Liefrinck), und so giebt auch der Islam in fünfmal täglicher Wiederholung des Slamat mechanische Beschäftigung vollauf, den Tag hindurch, unter der apathisch einförmigeren Atmosphäre seiner Cultur-Regionen, während für unseren unablässig fiebrisch fortarbeitenden Geschichtsgeist jeder Moment kostbar ist. („time is money").

Für Einhaltung der Sittlichkeitsgebote sind staatlich derartige Vorkehrungen zu treffen, dass es vernünftiger Ueberlegung als baare Thorheit erscheinen muss, die Gesetze einer (dem Einzelnen gegenüber) übermächtigsten (Majestät und) Majorität (in Volkssouveränität) brechen zu wollen, und im Uebrigen wird sich jeder nach dem Maass seines Verständnisses mit der Ethik abzufinden haben (ohne freilich durch das Lesen ihrer wunderlichst langstielig nichtssagenden Bücher viel bekehrt oder belehrt zu sein), nachdem sein Vertrauen in das theologisch gezeichnete Moral-Gemälde mit graphischer Schilderung der Belohnungen und Strafen (unter vornehmlich greller Auffärbung der Naraka-Bilder) erschüttert ist (aus dem Widerspruch mit soweit herrschender Weltanschauung), und die Skepsis erweckt ist durch Vergleichung der heiligen Texte (aus miteinander prophetisch rivalisirenden Praetensionen).

Der Wilde — der einvertakelt in die unsichtbare Welt seines Bangsa Aloes, darin die schattenhaften Umrisse seiner Abgeschiedenen (oder Nitu), günstig stimmbar abgezeichnet erkenntlich meint und daneben allerlei Geistergesindel eher bös gesinnt (in Nitu) —, sieht zunächst über solche Nebelwand nicht hinaus (oder nicht hindurch vielmehr), auf das, was drüber hinaus sonst noch liegen möchte.

Die Ahnung davon kommt (wie für Xenocrates' Gottesbekenntniss) beim Hinblick auf allumspannendes Himmelszelt im Lichterschmuck schimmernd, als (Kant's) „gestirnter Himmel droben" (neben, drinnen, dem moralischen Gesetz; instinktmässig eingewurzelt in Unbewusstheit des Primärzustandes).

Was als Opulero (im Oberherrn) dort oben waltet, concentrirt seinen Eindruck am eindringlichsten, in glänzendster Tageserscheinung, der in Aditya [den Ersten dessen, worauf die Nitu (oder Ni-itu) deuten] umwandelnden Sonne (als Mata hari oder Auge des Tages), und hier kommt dem Be(-wohner oder)-bauer seines irdischen Mutterbodens die befruchtende Wechselziehung zur Auffassung, wenn Himmel und Erde sich wiederum vermählen, als durch stürmisch aufdrängende Gewalten auseinandergerissen (gleich Rangi und Papa).

Was hier belebend durchdringt, fährt umher also als Wind oder Vayu, dem seelischen Lebensprincip zugleich (in der Athmung).

Und so handtirt es sich überhell mit dem Anhauch (in Insufflatio und weiterhin dann Inspiratio) bei den Weihen des Priesters sowohl (unter Gemurmel offenbarter Mantra), wie bei Schadenstiften seines Widerparts, des Endoxe, der dem Ganga seine Geheimnisse abgelauscht hat (oder dieser jenem). Um die Dewa zum Besuch ihrer Panampangan (temporäre Verbleibsplätze, zu Lectisternien) zu veranlassen, dienen die ins Luftbereich hinaus (oder hinauf) gesendeten Mantras, im Befehlston der Karakia (bei Maori) oder bittend (als Gebete), und so in Akasa kündet sich dann die Ewigkeit des Lautes (aus dem Aromana für zugehöriges Ayatana, in Sota).

Auf dem Inselfleckchen Insulindes lebt es sich [bei den (für Fremde gefährlichen) Köpfeschnellern] traulich beisammen, die Lebenden mit den Todten durcheinander, ein Jeder in steter Beziehung zur unsichtbaren Welt, für jegliches Werk (im engst gozogenen Kreis der Weltumschau).

Wenn die geschichtliche Bewegung erweiterten Umblick eröffnet, dann zieht sich der flaminische Scheidungsstrich, Verunreinigungen zu verhüten. „Lasset die Todten ihre Todten begraben", und die beim Erdbeben von untenher Klopfenden werden zum Schweigen gebracht durch sie, die noch „athmen in rosiger Luft" (auf Timor).

Wenn auf continentaler Erstreckung, die (dämonisch gefüllt, be-

drängende) Luft zu reinigen ist, bei dem ethnisch allgemeinen
Reinigungsfest, und was feindlich berührt über die Dorf- (Stadt- oder
Land-) Grenzen hinausgejagt wird, mag für den in Verehrung Abgeschiedenen, ein durch Lethe-Flüsse (oder auf Insel des Volta) gesicherter Aufenthaltsort vorgesehen werden, auch auf Bergeshöhen,
oder statt nächstgelegener Geistergebüsche (Senegambiens) ein Waldgebüsch im ferneren Innern des Inselcontinents (auf Antillen), aber
manch' indonesisches Inselchen erweist sich auch hierfür zu klein
und wenn dann die Nitu auf Neben-Inseln für die Festgelage [wie von
den Vorbeifahren (auf den Inseln Baer und Ohimas) gehört sind] ihre
Einrichtungen erhalten haben, mag vorsorglich dem Grabe eine Prauw
beigefügt werden für Hinfahrt oder zugleich für bequeme Rückkehr
— aus Metualam (auf Luang), um die Nachgebliebenen zu besuchen
und die Sterbenden zeitig mit den Geheimnissen des Jenseits bekannt
zu machen (auf Keiser), damit sie leichter den Weg hinfinden (als
Nusnitu der Tenimbar) oder ihn selber (auf Leti) zu begleiten (nach
Metinonua oder Wekando) etwa von Vetini geführt (auf Mangaia).
Dabei ordnet sich das künftige Geschick der Matelian (auf Wetar)
nach der Todesart (wie in indianischen Seelendörfern) und die sonst
ihren Limbus infantum (auch bei den Blandass) zur Wartezeit erhaltenden — oder erfahreneren Mitsterbenden in Obhut (von algonkinischer Mutter) übergegebenen — Kinderseelen, flattern im Hause
selber umher, beim Aufhängen ihrer Leichenverbleibsel über dem
Schlafplatz der Eltern (auf den Aaru).

Die Seelen der gewaltsam Erschlagenen sind (auf Luang) besonders emsig, den Nachgebliebenen zu helfen in Folge der noch
drinsteckenden Thatkraft, aber da solch unruhige Bethätigung auch
unbequem (oder gefährlich) werden kann, wird dann vorgezogen, sie
kalt zu stellen, mit himmlischen Genüssen gefüttert, um das Irdische
weniger bekümmert (auf Nachbarinseln).

Mit den Matelian (Seelen) der Häuptlinge (unter Araan rai und
Araan laleit) gehen die der gewaltsam Erschlagenen zum Bergesgipfel
Perai (auf Wetar), wogegen die der Gemeinen auf niedrigen Hügeln
verbleiben. Durch die Malopee Aiwaari werden die gewaltsam Erschlagenen (bei Krankheiten) gesühnt (auf Ambon).

Neben den Letztverstorbenen verbleibt auch die Erinnerung an
länger bereits Abgeschiedene, und dann mit der Entfernung wächst
der Eindruck machtvoller Rückwirkung, besonders in Bezug auf die
durch ihre Bilder „in memoriam" fortgeführten Dorfstifter, während

sonst über die dritte Generation der Tritopatoren [die (auf Tucopia) in meteorologischen Processen donnern] hinaus ein Verschwinden in der Himmelsweite (Lanite) statt hat (auf Ceram). Bejahrte Greise erwerben im Leben schon den Rang eines Anitu (bei Tagalen), wie sich der eines Dewa aus Kastengeltung ergiebt (auf Bali), und wie die Dewaton und Nusi (unter den Kenitu), sind auch die älteren (Tokun) noch zugänglich, während die Belaban, als älteste, zur Erde nicht mehr zurückkehren (aus ihrem Jenseits).

Die Oiatawel (oder Suwanggi) sind unter die bösen Geister verschoben, obwohl ihr Erster schon im Mutterschooss die Zauberkraft von Upulero empfing (auf Babar), „om de negori van booze luiden te zuiveren" (s. Riedel), da Strafe sein muss (auch seitens eines gütigen Gottes); unter Rivalitäten zwischen Endoxe und Ganga, des Obeahmann mit seinem Gegner, je nach orthodoxen Prätensionen und Verdächtigungen ketzerischer Heterodoxie.

Als erster Naplulu oder Swanggi wurde Mausai (auf Wetar) vom Bösgeist Tetlau unterrichtet, der ihn (beim Begegnen) auf einen Berg (gleich Bali's Blocksberg) fortgeführt und (nach Einreibung des Körpers zum Leichtmachen, aus Hexensalbung) zum Besuch von Sonne, Mond und Sterne, sowie fremder Länder mitgenommen (zur Bereisung der Dreiwelt, für Nachrichten darüber).

Wenn Es (das „Tad") niederkommt (auf die Orang katoeroenan) oder ergreift (die Orang kasoeroepan) öffnen sich die Augen den Sehern (Orang meliatin), um (in Besessenheit oder Inspiration) mit der Stimme des (eingefahren) Dewa (oder Chao), oder aus Nitu, zu reden (vom Bangsu-aloes her).

Wenn — wie die Uhane ola in Uhane make (auf Hawaii) — die Tonnu mahahain in Tonnu matalo sich gewandelt hat, werden auf dem Panunggut Rumah (des Söllers) die Nitu gefüttert, und so erhalten (auf Bali) in den Sauggah (der Hauscapelle) die Dewa ihre Nahrung neben denen des Dorftempels als Poera Desa (oder Roemah Dewa), bei Unterscheidung der Oikistes, als Nitu ukum (der Stammesfamilien) und Nitu aman (des Dorfes), welche Dorfstifter „uiet gestorven, maar tydens hun leven verdwenen zyn" (s. Riedel) und so der erste König Bali's (im Oesana Bali), gleich Romulus (nach gerichtlich beglaubigten Zeugenaussagen).

In der (die Batak) unsichtbar umgebenden Welt (der Dewa, auf Bali) werden alle Naturgegenstände von den (einem jeden einsitzenden) Innuā (der Innuit) geeignet, um Sühnungen des Niessbrauchs zu fordern (bei den Athapaskern) und so bedarf es des Opfers, vom Hausvater (nach der patria potestas) für den (auch das adoptirte Gesinde herbeiziehenden) Clan dargebracht, im Character des Priesterkönigs (wie im Rex sacrificulus oder dem Archontes Basileus überlebselnd).

Hier [für richtige Auslegung des (dem Suman convenirenden) Cermonials] steht, wie der Magier in Persien (zu Herodot's Zeit), ein Hiereus (oder Wulomo) zur Seite, um die Mantra zu murmeln (als Purohita).

Bei Sesshaftigkeit, auf heimischem Boden, erhalten ihren localen Kult die Landesgeister (oder „Vätter") wie an den Quellen rauschend, unter dem Blättergedach der Bäume säuselnd (orakelnd in Dodona), aus dem Felsgestein der Berge hervorragend, oder dortigen Höhlen, woraus die Vorfahren (der Rapiri) hervorkommen (und die Abgeschiedenen zurückkehren).

Auf Wanderungen fehlt solch' örtlicher Anschluss, während [neben dem (zur Wahl des Totem) begegnenden Thiere] dem gleichartig stets umfassenden Himmelsgewölbe und seinen Gestirnen — mit dem Mond (bei Nacht) vor aufsteigender Sonne verschwindend (im Morgenroth jedweden Tages) — die Beschauung sich zuwendet und so der im Blitzgedonner (seines Vajra) dahinfahrende Indra gefeiert wird (in poetischen Hymnen), die in Stürmen wehenden Rudra, der zur Speisebereitung und Erwärmung gezeugte Agni oder, den Lebensunterhalt gewährend, die „milchende Kuh", stets den Priestern willkommen, neben der hohen und hehren Göttin (oder als solche, im Symbolismus).

Wenn die Fürsten (vedischer Zeit) in den (durch den Bogen) eroberten Landesgebieten sich festigten, tabuirt gegen die (in Daitya besiegten) Eingeborenen, als Sudras (deren Häuptlingen in den Vaisya eine Annäherung zugestanden wurde, als Dwiya), so schlossen sich bald (wie unter den Wongtschā der Fanti) Collegien für sacerdotale Funktionen (zur Bereitung des Toja tirtha und sonst brahmanischer Weihungen) im leicht (aus gegenseitig gemeinsamem Interesse) hergestelltem Geheimverständniss (zwischen Auguren und Haruspices) zusammen, und so stand bald — neben den [ihren (für hilfreiche Heldenthaten incarnirenden) Vischnu feiernden] Xatrya (der Epeu) eine rivale Kaste fertig, in den [über ihren (abrahamischen) Stammesvater sich erhebenden] Brahmanen, von Selbstgefühl durchdrungen, wenn (vierarmiger) Siva, (als Parameswara selber) einfährt in den Zuckungen des Padanda, während später dann die aufregenden Begeisterungen lieber von Kapuwala (Ceylons) auf die Yakkoduro abgeschoben werden, oder für die Zwecke des gewöhnlichen Tagelebens, den Orang Premas überlassen blieben (auf Bali), nachdem durch Vermittelung des Taku (einen nigritischen Giememawong) über die Bereitwilligkeit der Dewa unterrichtet, um ihr Herabsteigen (des Chao, unter Thai) zu begrüssen, in Anrufungslieder (wie auch für Meh-sū gesungen).

Für alltägliche Praxis wird eine Schablone ceremonieller Cultushandlungen (wofür ein Pamangku ausreichen mag) festgestellt, während bei dogmatisch allmählicher Verknöcherung derselben, in frommherzig wärmer angelegten Gefühlsrichtungen, stets wieder die Sehnsucht nach direkter Communication mit der Gottheit erwacht, und dann manifestiren sich von der Orthodoxie als ketzerisch unterdrückte Wallungen, montanistischer Weissagungen oder waldensischer Inspirationen, wie auch aus den Stimmen in Kirche der Quäker redend, zum Tanz der „Springer", formell steif monotoner, als die wilden Tanzsprünge der Fetizero (und Schamanen).

Im ethnischen Elementargedanken trifft instinctmässig das Gefühl, dass jenseits des fünffachen Sinnesbereichs eine unsehliche oder (im Krawang) unsichtbare Welt (als Aromana eines sechsten Sinnes gleichsam) das Daseiende umgiebt und in ihr, wo den Wesen durchscheinenden Mediums, die Sali oder (geistige) Essenz (der Speisen) zum (geistigen) Genuss dient, fühlt sich das Walten aus Nitu („das da"), ehe die Erinnerungsbilder der Ahnen, in fasslicher Form geballt, festgehalten werden, und dann aus dichterisch geschmückten Traditionen, in mythologisch aufgebauten Götterwelten mit dem dort, aus gespensterisch Dämonischem Verklärten ihren Berührungspunct erhalten.

Wenn der Ergriffene oder Besessene begeistert spricht, durch einen Abgeschiedenen inspirirt, so ist es eben dieser Abgeschiedene selber, der aus ihm redet und demgemäss von den Zuhörern identificirt wird (auf Java).

Die Empong (Vorfahren) sind die verehrungsvollen (Ampang), von denen Ampeng (Verzeihung) erbeten wird (bei den Alfuren). In Nitu schweift das seelisch Unfassbare das „Das-Da" (ni-itu).

Aus zoopolitischer Wesenheit (eines animal sociale) auf Freundes Hand zu Stützen hingewiesen, sucht deren helfende Unterstützung der Einzelne [wenn zum Hinblick auf einen Gottesfreund (gleich

Nyancupong) noch nicht erhoben], bei dem Lebenden nicht nur, sondern hoffnungsvoller noch (im Vertrauen auf überirdisch erlangte Kräfte) in dem Dahingeschiedenen, der vor dem Tode das Versprechen abgelegt hat, als „Rewan" (Geselle) zu begleiten (oder Orang Prewangan), im Schirmgeist (oder Schutzgott).

Auch mögen solche Dienste (ohne vorherige Anfrage) dem unmündig (oder vorgeburtlich) Verstorbenen auferlegt werden, indem sein aufgetrockneter Embryo (in Sunda) mitgeführt wird, um die Familie zu berathen, wenn aus der Alten, die zur Wärterin bestellt ist, mit Kinderstimme redend (zur Beantwortung gestellter Fragen), oder die Orang Alus inspirirend (in Batavia).

Sonst dient der Angang oder (auf Sumatra) Pagar (s. Hagen) zu gleichen Zwecken, sei es im Begegnen des bei empfänglicher Stimmung (wie nach dem Pubertätstraum nachdauernd) eindrucksvoll treffenden Thiers (zur Auswahl des Totem), sei es für Schnitzen des Suman, wenn legitim correct befunden (nach dem Ceremonial des Wongtschä).

In den Nitu (ni-itoe) liegt die Hindeutung auf das Es (ein „Tad"), das (aus dem Bangsa-alus) herniederkommen mag, zum Einfahren (in den Orang Katurunan) oder zum Ergreifen (des Orang Kasusupan), und wenn (schauernd vor des Elfenkönigs umtanzenden Töchtern) das Kindlein wimmert, dient abwehrend der Spruch (in Sunda): Ga linkir ume gös tö arajah" (weichet hinweg, die ihr nicht mehr seid).

Der Wilde liegt in deisidaimonische Fesseln eingeschlagen, weil mit jedem Vorfall des tagtäglichen Lebens der religiöse Grundton des Gefühls zusammenzittert und vibrirt. Alles Gute ist von gut gesinnten Mächten geschickt, des schuldigen Dankens werth, alles Böse von ihrer zornigen Wandlung und dementsprechend Sühnung heischend.

Bei enger Beschränktheit des gänzlich noch in seine mikrokosmische Hülse einverwobenen Denkens wird jeder Naturvorgang im Grossen und Kleinen des Makrokosmos teleologisch auf menschliche Interessensphäre bezogen und erhält dadurch seine moralische Färbung (die, nachdem weitere Umschau gewonnen ist, auf die Beziehungen des Individuums zu seinem Gesellschaftskreis beschränkt bleibt).

Nach Absolvirung des Mikrokosmos (durch Erschöpfung der Denkmöglichkeiten) wird derjenige Standpunkt dann gewonnen sein, der auf psychologischem Bereiche gleichfalls dem Makrokosmos eine rationelle Erforschung zuzuwenden, sich befähigt erachten darf (um für die Räthsel des Daseins das erlösende Wort zu finden).

· Die Induktion basirt auf Vergleichungen, wie anorganisch durch das Experiment gegeben,· im organischen Reich durch Beobachtung der Differenzen, (unter den geographischen Umgebungsbedingnissen) je nach der Einwirkung auf die gleichmässigen Wachsthumsgesetze (seit erster Zellspaltung).

So liegt den ethnischen Elementargedanken ihre Einheit zu Grunde, den primärsten Verhältnissen (wie sie sich antreffen) zu entnehmen; den Urmenschen vorläufig bei Seite gelassen, wie vom Botaniker die Urpflanze (so anziehend sie sein mag, wenn einem Dichterblick enthüllt).

Auf der niedrigsten Stufe der Kryptogamen fehlt im gleichartigen Plasma fast die Specifität, die sich bei höheren Pflanzenklassen fixirt hat, und wenn sich die Palme ihrer äquatorialen Provinz, wie die Tanne der polaren angepasst zeigt, steht die Ergründung solcher Ursächlichkeiten noch unerreichbar hinaus, so lange nicht selbst die Vorbedingungen einfachst thatsächlicher Beobachtungen genügend erfüllt sind, um sie in rationelle Rechnungen zu ziehen.

Hat also der jedesmal specifisch gefärbte Elementargedanke unter seiner Monde ambiant sich zu der Erschöpfung der darin einfliessenden Reize zu deren Abgleich entwickelt, wird die dann eintretende Stagnation durch Einfall wiederum fremdartiger Anregungen zu höherem Schusse aufgerüttelt, unter neu veränderten Lebensbedingungen des historisch-geographischen Horizontes und indem nun aus den durch Verschiedentlichkeit der Anlagen gegliederten Gesellschaftsklassen verschiedene Betrachtungsweisen hervorgehen, die sich untereinander neuerdings wieder zu kreuzen haben, unter voraussichtlich weiterem Contact mit den Gestaltungen auf geschichtlich ausgeöffneter Bühne, so werden in Mehrzahl der Fälle Producte ternärer oder quaternärer Stufengrade zum Beobachtungsobjekt vorliegen, in ethnologischen Studium, so dass, um hier den Faden fest zu halten, von primitivsten Anfängen her, vorerst ein jeglicher Einzelfall im monographischen Detail auszuvertiefen ist (ehe bereits verallgemeinernde Folgerungen gewagt werden dürften). In ihrer jetzig frühesten Jugend (wenige Decennien erst alt) ist die „Lehre vom Menschen" vorsichtig sorgsam zu hegen und pflegen, damit sie heranwachse im Laufe der Jahrhunderte zu dem, was dem Menschen als Endziel gesteckt ist, das Wissen seines selbst, in der Wissenschaft vom Menschen, wie sie ein Jeder aus sich selber dann zu verstehen hat (nach bestem Wissen und Willen).

In der „Lehre von den geographischen Provinzen" würde eine „Anthropogeographie" den Specialfall begreifen der anthropologischen Provinz (neben zoologischer und phytologischer), während für die Ethnographie die historische Bewegung hinzukäme, auf den geographisch vorgezeichneten Geschichtsbahnen, und dann auf der Basis so gewonnenen Materials die Ethnologie ihre „Lehre vom Menschen" emporzubauen hätte, in Erforschung organischer Wachsthumsgesetze, von den Elementargedanken an (bis zur Entfaltung in höchsten Culturblüthen).

Wer keine drei oder nicht bis fünf zählen kann (an den Fingern), empfiehlt sich nicht zur Abrechnung keinerlei Art, weil für ihn die Zifferwerthe, wie aus sich selber klar, ihrer erklärenden Kraft entbehren, um durch die aus Regel-de-tri gewonnenen Gleichungen (oder Vergleichungen im Sinne comparativer Methode) zu überzeugen dass $2 \times 2 = 4$). Die Angabe, dass eine Masse von Leuten da sei, ist practisch nicht ausnutzbar, da es sich um 10, um 100, um 1000 etc. handeln könnte, und eine Austheilung von Lebensmitteln also die Gefahr böser Fehlgriffe liefe, weder die Lieferanten befriedigend, noch den Empfänger (im Zuviel oder Zuwenig vielleicht).

Und so wird leeres Stroh gedroschen, Worthülsen ohne Sinne (ihrer innerlichen Bedeutung), in Discussionen mit demjenigen, der im logischen Rechnen das Einmal-Eins noch nicht verlernt hat. Aus (verhältnissgemässen) Relationen lassen sich Rechnungsformeln aufstellen, um die Resultate in den Bildern deutlicher Werthgrössen zu verkörpern, aber das Absolute transcendirt in das von der Erkenntnisstheorie verbotene Terrain, und bei Ausfall der Istheit im allgemeinen Sinn, mag ein vag unbestimmter Begriffspopanz darausgeballt werden, aber ohne practische Ausnutzung (wie bei der Wortbezeichnung einer Masse).

Beim zeiträumlichen Ueberschreiten (in höchst-letzten Fragen des Daseienden) verbleibt es also, nach Liebhaberei eines Jeden beim Glauben an dasjenige, was dem Geschmack zusagt, — zur Auswahl aus dem, was zum Angebote steht kraft theologischer Ueberredungskunst —, beim „Meinen oder Scheinen", während es auch hier eine positive Entscheidung gelten wird (in Einfachheit eines „Ja oder Nein"), nachdem das zur Erfindung seines Infinitesimalcalcül vervollkommte Rechnen die Mystik kabbalistischen Zahlenwustes zu entwirren vermag, den alchymistischen Wolkendunst verscheuchend, wenn der Chemie das Licht ihres neuen Tages hervorbricht, aus Spannungsreihe der Elemente (oder Elementargedanken).

Nach richtiger Fragestellung über das Warum (bisherigen Fehlschlagens) wird die Antwort schon kommen, wenn nicht von Gestern auf Heute, doch im Laufe der Zeit, bei Fülle derselben, und die Ueberzeugung (vor dem Irregehen in dialectisch äffenden Labyrinthen gesichert) auf dem richtigen Weg sich zu finden, spornt hoffnungsvoll an, denselben zu verfolgen, dem Ziel entgegen, das aus der Ferne bereits hinüberblinkt (und strahlender aufleuchtet, mit jedem Schritt der Annäherung).

Mit jedem Jahre, mit jedem Tage lauter und deutlicher begannen sie zu reden, die ethnischen Elementargedanken, denen allzulang ein taubes Ohr zugewandt gewesen.

Eines schönen Morgens waren sie da, fertig gerüstet, gleich einer Athene aus olympischem Haupt hervorgestiegen, nicht die Entdeckung eines erfinderischen Kopfes (in Hirnweberei).

Woher sie gekommen? wie gefunden? Sie standen vor den Blicken, mit ihrer Namensbezeichnung zugleich, weil im organischen Wachstum naturgemäss entfaltet, in Fülle der Zeit, als in die Reife gekommen.

Weil an sich, und stets also, vorhanden, hatten sie stets auch gesehen werden müssen, so oft der Blick darauf gerichtet war (bei Meiners, bei Lafiteau schon, und Anderen).

Bald mit Zunahme transmariner Reisen begannen sie sich zu mehren, in den Schriften practischer Beobachter, aber da diese, im literarischen Verbande, meist dem Laienstande angehörten, fehlte ihnen das autoritative Imprimatur derjenigen, die damals mit der „Lehre vom Menschen" beauftragt, in speculativen Wolkenhöhen mehr völkerpsychologische Subtilitäten zusammenfeilten (als pikante Zuspeise oft bei ästhetischen Theecirkeln), aber was in tief unteren Gesellschaftsschichtungen chaotisch gährte, einer eingehenden Betrachtung schon deshalb nicht werth halten konnten, weil sie in dortigem Dunkel überhaupt Nichts sahen, geblendet von künstlich aufgestecktem Licht.

In Mitte des Jahrhunderts war für europäisches Binnenland die Welt mit Brettern vernagelt, besonders in Gefächer-Kasten politischer Zerrissenheit.

In deutschen Hansestädten wehte aus englischen Colonialländern oder Amerika's „Far West" eine frischere Brise an, und unter ihrem Einfluss, während zeitweis redactioneller Thätigkeit, wies nachdrücklicher vornehmlich der Geschichtsschreiber des „Welthandels" (Karl Andree) darauf hin; und mit ihm konnte Einschlägliches besprochen werden, beim Zusammentreffen in Leipzig, wo der „Mensch in der Geschichte" seine Drucklegung erhielt.

So später auch mit Peschel, der indess von der Geographie der Ethnologie zugewandt und eher auf Uebertragungstheorien geführt, die Zustimmungen in seinem Handbuch widerwillig zögernd nur abgab, da solche „Rösselsprünge" des menschlichen Geistes einen eher trostlosen Eindruck zu hinterlassen schienen. Gegentheils vielmehr könnte kein schönerer Trost geboten sein; dem, der solchen's bedarf.

Seit im Laboratorium des Naturforschers einer ernstlich strengen Analyse unterworfen, liefern die ethnischen Elementargedanken einen festgesichert ersten Anhalt, um comparativ controllirbare Gesetze auch auf psychischem Bereich (wo vorher individuelle Willkühr regieren zu können meinte) den Studien hineinzutragen, und so mit Zutritt der auf ethnischen Thatsachen begründeten Psychologie das Zeitalter der Naturwissenschaft abzurunden (in einheitlicher Weltanschauung).

Im Auge des Naturforschers (in dem objektiven der Natur) ist nichts Gross oder Klein. Auch in dem jämmerlichst niedrig Verzerrten (dem für überverfeinerten Geschmack abstossend Widrigen) lassen sich tiefste Gesetzlichkeiten erkennen, wenn darin verborgen, aus ursprünglich sprossender Wurzel.

Indem wir jetzt (auf dem Niveau des Wildzustandes) festgelegte Spannungsreihen ethno-psychischer Elemente besitzen, und zugleich die Primär-Zellen, aus denen unter Pflege der Cultur die erhabensten Gedankenschöpfungen emporblühen, kann derartige Errungenschaft nicht hoch genug geschätzt werden, auch bei dem Rückblick auf das sociale Leben, wo auf Durchschnittsschichtung der grossen Massen überall die Bestätigungen sich antreffen (in „Überlebseln" der Folk-lore).

Bei zoopolitischem Charakter des Menschen steht der Gesellschaftsgedanke voran (unter den localen Differenzirungen der Völkergedanken in historisch-geographischen Provinzen), und von hier hat dann der Untersuchungsgang zurückzuleiten, auf das integrirend mitwirkende Individuum, für sein eigenes Verständniss (soweit dieses reicht).

Die Grundprinzipien moralischer Maximen, als Vorbedingung

socialer Existenz, wie von Confucius aus alten Ueberlieferungen gelehrt, wird im Shintoismus zu predigen überflüssig gehalten, oder vom Propheten aufschreibbar (auf der Schreibtafel seines Gottes).

Ueberall bei den Wildstämmen treffen sich (unter localen Variationen) die, als Daramulan's bei (australischen) Pubertätsweihen, (noachischen) Ge- und Verbote, wie strengstens geübt bei gefürchteten Kopfschnellern (in Festungsdörfern der Naga oder Gemeindehäusern der Dajak).

Was in scheusslichen Excessen manchmal, in Ausgeburten nervös zerrütteter Seelenärzte (gleich Wongshâ und Schamanen und sonst pfuschenden Medicinmännern) durch civilisatorische Missionen zu mildern angezeigt steht, in den Primär-Zuständen der Uncultur, findet sich auf der ihrem Niveau entsprechenden Durchschnittsschichtung der Culturstaaten nicht minder (in folkloristischen Survivals). Wie der Göttin Ganga der im Ganges Ertrinkende nicht entzogen werden darf, so fliessen auch im nordischen Volksglauben der Flüsse allerlei, die (gleich der Saale) ihre Opfer fordern, so dass bei den Fischern Scrupel gefühlt werden, gegen helfende Eingriffe, wie polizeilich gefordert). Dass die gräulichen Marterungen bei den Ordealen afrikanischer Palaver im tiefsten Schatten gestellt bleiben durch die Entsetzlichkeiten, wie sie aus psychischen Epidemien europäische Hexenverfolgungen herriefen, — darauf bedarf es eines Hinweises ebensowenig, als auf dasjenige, was derartiges heutzutage noch fortwuchert im Volke, alljährlichen Zeitungsnotizen gemäss (soviel man sich deren zusammen zu suchen, die Mühe zu nehmen gewillt sein sollte). Der Knabe liebt es an den Qualen des gefangenen Maikäfers sich zu weiden, der Indianer an denen seines scalpirten Gefangenen, und so schwelgt der Romanleser in den Schaudern dessen, was ihm papierene Seiten vorführen, im behaglichen Gefühle desjenigen, der aus sicherem Hafen die im Sturmgewitter horazischer Dichtung gefährdete Barke betrachtet, und im Gewissen beruhigt, durch die Überzeugung, dass keine ästhetischen Grundsätze verletzt werden, wenn die Fictionen seines Lieblingsschriftstellers artistische Grenzen innehalten. Wie aber, wenn nach Aussage theologischer Autoritäten der Seeligkeitsgenuss den zum Himmel Erhobenen durch Niederblick auf die Pein der in die Hölle Verstossenen erhöht wird, und dies graphisch illustrirt, auf Gemälden, die als vollendetste Meisterwerke menschlicher Kunstbegabung goutirt werden (bei Hinweisung auf ein jüngstes Gericht, das Jedem bevorsteht).

Und wenn dies sich zu rechtfertigen vermag, in exegetischer Wortauslegung einer Religion, die, weil die der Nächstenliebe, zum Muster aufgestellt wird, für heidnische Umnachtung auf der Erde, bleibt mancherlei Bedenken, ob das von ihr zu entzündende Licht nicht wieder in den Gluthen der (in Europa im vorigen Jahrhundert einst und auf Mexico's Boden im heutigen noch nicht erloschenen) Scheiterhaufen aufleuchten möchte (bei allzu inquisitorisch neugierigen Nachforschungen).

Als der Erde näher — ehe (durch Titi) emporgeschoben (in Mikronesien) — spricht der Himmel Weisheitssprüche (in Benin) und ihre Ermahnungen (als Reisseele) die Grossmuttergöttin Ini Andan (auf Borneo) während (auf alfurischen Inseln) überall die Nitu lauschen, die Fortbewahrung altüberkommener Adat's überwachend (und sonst mit Strafen bedrohend).

Wenn Varuna herabschaut, mit Argus-Augen (bei Nacht) oder in der Sonne (am Tage), dann führt ein Chitragupta Buch oder Tsing-Kwang seine Todes- oder Lebensregister, in erster Halle der Gerechtigkeit (wo Thoth's Wage über die Zukunft entscheidet).

Wenn dem geflügelten Worte von einer „Erziehung des Menschengeschlechts" Folge gegeben werden soll, müsste es zunächst dazu anspornen, die in künftige Schulung zu nehmenden Zöglinge vor Allem erst kennen zu lernen, ihre Gedankensprache zu erlernen (denn mit fremden Zungen lässt sich nichts lehren).

Auch wäre vorerst die Frage nahe gelegt, mittelst welcher Kunstgriffe man Aussicht haben könnte, auf fremdländischem Boden mit einer Civilisation einzuschlagen, die auf dem Heimischen offenkundigst fehlgeschlagen hat, nach den angstvoll hervorbrechenden Klagen über die anarchistischen Zeichen der Zeit, die ein baldiges Ragnarökr künden sollen.

Wenn so die aus 3000jähriger Pflege (seit classischen Anfängen ab) herangezogene Frucht der Cultur sich als an einem Giftbaum gewachsen erweisen sollte, wäre in gewissenhafte Überlegung zu ziehen, ob gewagt werden dürfte, solch toxicologisch heroische Arzneimittel bei Constitutionen zur Anwendung zu bringen, welche weil auf Abstufungen der Wildheit oder einer — dem Cultur-Monopol nicht vollgültigen — (Un-) Cultur verblieben, für weniger resistenzfähig zu gelten pflegen.

In erster Linie würden wir die eigene Befähigung zu erlangen haben, für uns selber gesundheitsgemässe Nahrungsmittel zuzubereiten aus den Materialien einer naturwissenschaftlich ethnischen Psychologie und dann mag die Berechtigung gefühlt werden, aus vorhandenem Ueberfluss auch andern mitzutheilen (in der das Genus humanum einigenden Humanität).

Schlecht oder böse ist zunächst der, welcher gegen die Gesetze verstösst, nicht nur die local formulirten des Staates, sondern wie begründet in den Vorbedingungen socialer Existenz (unter allgemein nothwendiger Gültigkeit durchweg).

Wer diese Gesetze hält und achtet, ist damit noch nicht gerade gut, im Sinne des Besten, weil nur seine verfluchte Pflicht und Schuldigkeit erfüllend, aber immerhin schlecht - recht verständig, da der Verbrecher von dem Fluch (der Bestrafungen) getroffen wird (wie die Wildstämme es zu fassen pflegen), und der Verständige solcher Gefahr sich lieber nicht aussetzen wird.

Wie Varuna mit Argus-Augen herabschaut (denen keiner entkommt, und flöhe er bis an „die Enden der Erde"), wie der Schwarzmann umgeht (bei den Pescheräbs), so umlauern überall (auf indonesischen Inseln) die Nitu ihre nachgebliebenen Verwandten, und dass auf leichtestem Fehltritt der Strafdämon trifft (in Krankheit oder sonstigen Unglücksfällen), steht Jedem so lebendig im Gedächtniss, dass es kaum der Erinnerung bedarf (in den üblichen Redeführungen).

Die liebenswürdig heitere Freundeseinigung, worin die Orang Mentawi (der Poggy), die Mantras in ihren Wäldern, die Alfuren in Vielheit der Beispiele zusammenleben, ist oft genug bei ihnen, und ihnen Gleichgesinnten anderer Continente (von den Besuchern) geschildert worden, anziehend und anmuthig (wenn nicht verekelt durch die Schöngeister aus Rousseau's Schule).

In ungestörtester Harmonie leben die Naga in ihren Festungsdörfern beisammen, wie die Dayak in den Pfahlhausgemeinden, obwohl Kopfschneller beide, und dass der Fremde, wenn das Stammesgebiet betretend, niedergestossen wird, ist nicht unerlaubt, sondern zwingende Pflicht (ohne dass Einleitung einer Gerichtsverhandlung über Mord und Todtschlag daraus folgt).

Dass in der Civilisation dieselben Ansichten über Blutvergiessen herrschen, in der den Patrioten zur Vertheidigung seiner Heimath rufenden Pflicht, entzieht sich der Parallele nur wegen der unmessbaren Vergrösserung der Scala für die Massenschlachtungen des Feindes — und je mehr davon, desto eher mag die unselige Fehde beendet sein (durch den Frieden, wie ihn Alle stets wünschen — nachdem das Faustrecht und seine Koryphäen abgethan sind).

Wenn aus der Gesellschaftsschichtung unter Bezifferung der Werthgültigkeit selbststandigen Bruchtheils zurückkehrend, das Persönlichkeitsgefühl auf dem sensualistisch (in Reflexbewegungen und deren Wiederholung) schon beackerten Boden der psychophysischen Individualität den dorthin mitgebrachten Strang der [den individuellen Daseinsverlauf (unter Einbegriff periodischer Unterbrechungen) verkettenden] Erinnerungen mitbringt, bleibt das denkende Selbst (während Hinwendung auf irdischer Laufbahn hindurch) darin angebündelt trotz der im vollthätigen Leben jedesmaligen „Nun's" bezeugten Unabhängigkeit, beim Vergessen alles Uebrigen in solchen Momenten des in lebendiger Vollthätigkeit sich selbst erfüllenden Wirkens (aus und in der Denkschöpfung).

Wenn in seinen Ideenzeugungen das Denken schwelgt auf den Regionen lichtstrahlend umwallender Höhen, unter deren blendendem Leuchten (der Gedankenblitze), dann verweht entschwindend die Schattendoppelung des Erinnerungsbildes, das unter trüb bedrückender Atmosphäre, während der Wanderung längs irdischen Pfads in steter Begleitung zur Seite steht, tröstend oftmals und hülfreich, oder, wenn schreckend, doch versöhnbar (für reuigen Rückblick). Gern wird dieser Gefährte entgegengenommen mit den dem Schutzgeist oder seiner Apotheose (unter Gottes Schutz) zugestandenen Ehren, und da aus ihnen eine höhere Sinneswesenheit reflectirt, wird auch diese dermaleinstig wieder im vollendeten (und vollendendem) Abgleich sich zusammenzuschliessen haben, obwohl für das Wie? oder Wo? unübersehbar hienieden, weil unter der Nothwendigkeit, für transitorische Abschüttelung der irdisch bedrückenden Bande, den geistigen Aufschwung gewaltsam — bis zur äussersten Kraftthätigkeit wo möglich (soweit die rationell gezogenen Schranken nicht durchbrochen werden) — zu steigern, in solchen Augenblicksaufnahmen einer ecstatischen Schau (innerhalb des von visionären Verirrungen frei gehaltenen Vernunftbereiches). Die Zeit entbricht für contemplativen Umblick, wie nach Entkleidung von der somatisch beschwerend anhängenden Hülle, aus Jenseitigem dann in Aussicht steht.

Als krankhafter Auswuchs missverstandener Zeitideen, faselt die Souveränität des Individualwillens in sozialischen Denkverknäuelungen.

Was will der arme schwache Einzelne, als „Einziger", der das was er geworden, dem Gesellschaftsorganismus verdankt, dem er angehört, was will dies gebrechliche (an Körper und Geist) elendige Ding, wenn auf sich allein gestellt? Losgelöst von dem Stamme, worin sein Lebenssaft pulsirt, fällt zu Boden ein zerbrochener Ast, bald verdorrt und dahin, während der mit seinem Mutterstamm gesundheitsgemäss verbundene Zweig zu selbstständig eigenem Gedeihen emporblühen mag (bei ungestört normaler Gesetzlichkeit).

Der Gesellschaftskreis mag engstens geschlossen sein, empfiehlt sich aber, um desto kräftiger seine Unabhängigkeit zu sichern, je weiter desto besser, und am besten also als weitester, soweit im räumlichen Zusammenleben die gleiche Sprache klingt, für nationale Einheit, die gewappnet bleiben muss zur Selbstvertheidigung, so lange Gefahren drohen, dass nachbarliche Verkehrtheiten (oder zeitweis widersprechende Meinungsverschiedenheiten), dasjenige noch behindern, was im internationalen Verkehr das Menschengeschlecht im Gesammt zu einigen hätte (auf unserem Erdenrund).

Die mathematischen Unterlagen der Welt bedingen sich durch die aus Lichtbrechung der Linsen hervortretenden Gestaltungen (geometrischer Form), die dann (nach optisch-acustischer Concordanz) durch die psychische Entelechie ihre (arithmetische) Ausrechnung erhalten, und wenn auf gesellschaftlicher Sphäre (des Zoon politikon) in Wortschöpfungen consolidirt, von der Denkthätigkeit in Behandlung genommen werden (kraft logischen Rechnens).

Eine Ziffern-Zahl erhält ihre factische Gültigkeit erst dann, wenn als Bruchtheil ihres Ganzen, aus Verhältnisswerthen fixirt (für eigene Selbstständigkeit).

Solche Möglichkeit fällt aus für die objektiv makrokosmische Welt, wohin wir nur aus planetarischem Winkel des Solarsystems einen Seitenblick hineinzuwerfen vermögen, wogegen in jener mikrokosmischen Welt, worin das Denken sich selber lebt, die individuelle Eigenheit aus dem zugehörigen Gesellschaftskreis ihre persönliche Unabhängigkeit zu erlangen befähigt ist, und dann, mit ihren logischen Denkoperationen, die in übersichtlich umgrenzten Gruppen hervortretenden Erscheinungen deductiv zerlegt, für Nachprüfung durch die Induction (unter gegenseitiger Controlle).

Die Räthsel-Probleme des Dasein's (in makrokosmischer Umschau) entziehen sich überall einer Bemeisterung, weil stets früher oder später aus proportionellen Relationen in's unbestimmt Absolute verschwindend (am unumgrenzten Horizont), während in mikrokosmischer Welt das darin vertiefte Denken auf die Wurzel selbstständiger Existenz zu gelangen hat (bei methodischem Fortschritt auf der Untersuchungsbahn.)

In der Classicität fehlt die terminologische Bezeichnung der Psychologie, und was dort über seelische Erscheinungen zu sagen war, gehört der Physiologie an, seit Aristoteles die Untersuchungen über animalische Constitution bis auf die menschliche fortgeführt hatte, so dass die Seele sich als Entelechie des Leiblichen fasste.

Bei damaligem Aufschwung indess in der Blüthezeit geistiger Schöpfungen, ergriffen die höchsten Entfaltungen derselben (für deren letzte Ausläufer bereits ein zutretender Nous reservirt war) mit derartiger Mächtigkeit, dass das Gesammt des Seelischen seine platonische Abscheidung erhielt, im Gegensatz zum Physischen nicht nur, sondern selbst als die lediglich voranstehende Ursächlichkeit (in später kosmischen Theorien).

Solche Scheidung verschärfte sich in patristischer Literatur, wo (wie in scholastischen Filialen) die Rettung der Seele allein betont wurde unter Vernachlässigung der Naturstudien, und als diese ihre moderne Begründung erhielten, wurde nun auch philosophisch der Dualismus festgehalten, seit jenem Ausspruch, der die complicirtest letzten Begriffe (im Sein und im Ich) zum Ansatz annimmt für die Beweisführungen des Denken's, statt eines Ausgang's vom einfachst Ersten her, dem inductiven Forschungsgang gemäss (ehe eine Controlle mit der Deduction eintreten kann).

Psycho-physisch hat sich jetzt wiederum eine Einheitlichkeit hergestellt, welche indess, weil nur für das Individuum geltend, zunächst den dasselbe einbegreifenden Gesellschaftsgedanken zu durchmustern hat (für Bekleidung integrirenden Bruchtheil's mit der Werthgrösse selbstständigen Ganzen's), und hier ebenfalls stellen sich also die elementaren Grundlagen voran, in ethnischen Elementargedanken (unter den Differencirungen ihrer Wandlungen als Völkergedanken).

Die Durchforschung der aus optisch-acustischer Concordanz in Visio mentis verstandbaren Wortschöpfungen (einer mikrokosmischen Welt) hat voranzugehen, und dann mag weiterhin erhellendes Licht auch in dunkel wallende Gefühle fallen, die im Leiblichen, als temporäre Träger des Geistig-Seelischen aufgährend, den im Daseienden eingeschlagenen Ursprungswurzeln entquellen (unter kosmischer Gesetzlichkeit).

Die Fragen um die seelisch höheren Interessen des Menschen stellen sich im Denken, aus derjenigen Thätigkeit also, womit das psycho-physische Individuum übertritt in die Gesellschaftsschichtung, um in dem hierzu gehörigen Kreis, als Totalganzes, die unabhängige Werthesschätzung für seine in Einheitlichkeit selbstständige Theilganzheit das Fazit zu ziehen, wie aus den Gleichheitsformeln logischer Rechnungsoperation sich regelnd.

Den metaphysisch verblüffenden Leugnungen wirklicher Welt liegt ein ungeklärtes Instinctgefühl unter, aus psychischen Elementarregungen aufdämmernd.

Die Welt, worin das Denken (der Homo sapiens, als Zoon politikon) lebt und webt, ist nicht die Welt, welche den Bimanus umgiebt, nach der Analogie seiner zoologischen Verwandten (in humanistischer Animalität).

Die durch das Denken sich selbst geschaffene Welt ruht auf einem totaliter verschiedenen Hypokeimenon, als substantiellem Substrat, weil die aus Wechselwirkung der Aussendinge mit ihren specifischen Sinnesenergien (den Wechselbeziehungen zwischen Aromana und Ayatana) in ihren sprachlichen Umwandlungen repräsentirend, die mit ihrem (im-)materiell absorbirten Inhalt geschwängerten Wortschöpfungen, soweit congruent erwiesen (unter rationeller Controlle).

So oft daher in speculativen Betrachtungen direkte Gleichnisse zur Illustration herangezogen werden, müssen sie, weil durch logische Rechnungsfehler von vornherein gefälscht, als unzulässig erwiesen stehen, wie am schlagendsten bewiesen, z. B. in der, weil meist bekümmernd, auch vielseitigst ventilirten Unsterblichkeitsfrage, deren Advocaten sich in das mit anmassenden Starrsinn von einer, den tellurischen Homo (des Humus) in das Centrum des Universum's stellenden Theologie gebohrte Schlupfloch vergeltender Gerechtigkeit zu flüchten haben, wenn im $Kυκλος\ γενεσεως$, je strenger der Materialismus seine unabänderlichen Gesetze formulirt, keine Aussicht erübrigt, sowenig, wie die somatische Physis, deren psychische Entelechie vor dereinstiger Vernichtung (unter engeren oder weiteren Cyclen) zu retten vermag (im Umlauf des Entstehens und Vergehens).

Derartige Parallelisirungen indess verbieten sich aus innerem

Widersinne, weil ihre Daten auf verschiedenen Rubriken eingezeichnet stehen, im Contobuch des logischen Rechnen's.

Im landläufigen Hang, die in psycho-physisch empfundener Welt constatirten Vorgänge unmittelbar auf die in noetischer herrschenden Gesetzlichkeiten zu übertragen, werden primärste Elementarsätze logischer Rechenkunst ignorirt, da es sich um gänzlich verschiedene Scalen der Beobachtung handelt, wie etwa die Cardinalzahlen auf der einen, auf der anderen in den Werth von Logarithmee und Potenzen umzusetzen wären u. dgl. m.

Wenn keine Kraft ohne Stoff, innerhalb soweit gültiger Terminologie in der Naturforschung, mag auch aus electrischen Kraftäusserungen der Nachhall an classische Aether-Atome (oder ihre modernen Aequivalente) herausgehört werden, immer aber, auf vorläufigem Standpunkte der Forschung, fehlt der Anhalt oder Anlass, um das (polare) Spiel der Säuren und Basen in den metallischen Erzeugern der Electricität auf deren Polaritäten e. g. zu übertragen, in magnetisch weiterlockenden Verschlingungen u. A. m., da vielmehr in fachgerechter Theilung der Arbeit, jedes dieser Forschungsgebiete auf eigenartlich abgeschlossenem Terrain, mit engster Concentrirung darauf, zu durchspähen ist, bis etwa verhältnissgemässe (und demgemäss terminologisch fixirte) Anknüpfungspunkte sich derartig gewaltsam aufdrängen sollten, dass man sie (trotz alles Sträubens) schliesslich hinzuzunehmen hätte (in Einheitlichkeit der Energie), und dann allerdings zum reichsten Gewinn, weil durch objective Controle geschenkt (und also in treuer Aechtheit bewahrte Schätze liefernd für das Wissens-Kapital der Gelehrten-Republik).

Das Gleiche gilt für die in psycho-physischer und in noetischer Welt nach andersartigen Accorden verschieden klingenden Scalen, je nachdem die für die psycho-physische Welt oder die für die noetische gültigen Gesetzlichkeiten in Augenschau gezogen werden.

Wie der Körperleib verbleibt dessen seelische Entelechie mehrweniger (trotz längeren Zusammenleben's, oder vielmehr, wohl dessentwegen um so mehr) ein Fremder für das im Nun des Augenblick's sich selber lebende Denken bei selbstständiger Integrirung innerhalb des zugehörigen Gesellschaftsleibs).

All die Vorstellungsweisen der sowoit adoptirten Religionssysteme haben, weil unter den Schranken deductiv gäocentrischer Weltanschau extrahirt und concipirt, sich selbst zu verurtheilen (solange nicht auf den objectiv real gültigen Standpunkt transponirt) und verfallen der

Aufbewahrungs-Schartekenkammer, alterthümlich antiquirten Interesses vielleicht wegen (aus geschichtlicher Tradition).

Was ist Wahrheit? Und wie konnte nach dem bisherigen Studiengange rationaliter an die entfernteste Möglichkeit, die Wahrheit anzunähern, überhaupt auch nur gedacht werden, für die des Menschen eignes Selbst betreffenden Fragen. Nicht um Wahrheit, sondern das Streben darnach, lautet das vom Meister moderner Kritik geäusserte Gebet.

In den Gleichungsformeln des logischen Rechnens treffen sich relative Gültigkeiten thatsächlich festgestellt, nach comparativ-induktiver Methode der Naturwissenschaft, auf dem soweit beherrschten Gebiet, dem die Psychologie hinzuzutreten haben wird.

Will indess die Naturforschung irgend welchel Gebiet (ob grosses oder kleines) unter ihrer Beherrschung bringen, hat sie zunächst dasselbe, nach allen Richtungen hin, zu durchkreuzen und vorerst die Umfassungslinie des Ganzen zu ziehen, innerhalb welcher die Zahlen der Theilgrössen ihre festen Zifferwerthe erst substituirt erhalten.

Nachdem dies geschehen, — sind der Natur, durch Aufnahme des factisch gegebenen Vorhandenen, ihre Gesetze abgelauscht, — dann kraft einer Kenntniss derselben wird sie zu gehorsamen Diensten gezwungen (von den Physikern, als Meistern der Physis). Der Geologe durchwandert den gesammten Globus, aus all dessen Theilen sein Material zu beschaffen ist, so der Zoologe oder Phytologe, und gleicherweise wird es dem Anthropologen aufliegen, für die leibliche Erscheinungsweise des Menschen, dem Ethnologen für die gesellschaftlich ethnischen Manifestationen auf dem Erdenraum (vor Allem oder zunächst, in den Elementargedanken) die allgemein leitenden Grundzüge festzulegen.

Den Menschen in der „Lehre vom Menschen" zum Gegenstand des Studiums zu machen nach den Principien der Inductions-Methode, ist eine durch die Zeichen der Zeit angezeigte Lebensfrage.

Zwar war es von Altersher und überall durch offenkundige Sachlagen gelehrt, dass das Menschen-Studium durch den Menschen nicht nur als höchstes Ziel zu gelten habe, sondern als die der Menschheit erbeigenthümliche Aufgabe, und der Orakelspruch vom Gnothi Seauton hat wiedergeklungen unter allen Culturvölkern, in einer oder der andern Version.

Für dieses Studium entbrachen indess die ersten unabweislichen Vorbedingungen, nämlich ein abschliessender Umblick der thatsächlichen Unterlagen, auf welchen solches Studium zu begründen sein würde, um auf gesichertem Fundament zu stehen.

Der Mensch qua talis konnte in den Gesichtskreis des Beschauers seit Umsegelung der Erde erst eintreten, indem die Neuzeit inaugurirenden Entdeckungsalter, und was vorher von dem Menschen bekannt war, innerhalb des Horizontes eines jedesmaligen Culturringes, begriff nur ein durch mehrweniger zufällig politische Conjuncturen aus dem Ganzen des Menschengeschlechts fetzenhaft herausgegriffenes Bruchstück, das keine rationelle Beantwortung zu geben vermochte, weil der Ueberblick des Totalganzen fehlte und seine Einfügung darin, um ihm demgemäss die, dem ihm zukommenden Theilwerthe gemässe, Abschätzung geben zu können.

Desto mehr also der in der Civilisation abgeschliffen verfeinerte Scharfblick mit Ernst und Eifer sobezüglich speculativen Studien sich zuwandte, desto mehr musste er bald in abirrende Labyrinthe verstrickt sein, weil, um so weiter von dem richtig wahren Thatbestand abweichend, je mehr jegliche Fühlung damit verloren ging, wenn höher und höher aufsteigend, in metaphysisch aus Hirnwasser aufqualmende Dunstregionen (eines Wolkenkukuksheim). Die in die Cultur hineinreichenden Blüthen des Menschengeistes werden in den Gesetzlichkeiten ihres organischen Wachsthums dann erst sich durchblicken lassen, wenn der Zusammenhang mit den im Mutterboden der Erde wurzelnden Anfängen festgehalten ist, aus den frühesten Zellregungen, wodurch pflanzliche Wachsthumsprozesse in der Botanik zur Durchsicht gelangt sind, und wie der alchymistische Wust erst Klärung erhielt, als die Chemie die Spannungsreihe ihrer Elemente feststellte, so bilden die ethnischen Elementargedanken, wie von den Wildstämmen (den Kryptogamen des Menschengeschlechts) gesammelt, eine unumgängliche Conditio-sine-qua-non, um in die Gesetze dessen vorzudringen, wodurch das Denken sich selber lebt.

Und zwar, dem zoopolitischen Charakter des Menschen entsprechend, wird der Ausgangspunkt von den Gesellschaftsgedanken zu nehmen sein, wovon der integrirend mitwirkende Einzelne seine unabhängige Selbstständigkeit selbst erst herauszuwirken hat (aus eigener Kraft), den ihm zugehörigen Ziffernwerth feststellend (im logischen Rechnen).

„Mögen wir uns das grosse Welträthsel aus dem Prinzip des

reinen Seins oder aus dem des Werdens erklären, mögen wir von aprioristischen Vernunft-Ideen oder von sensualistischen Eindrücken ausgehen, mag, was man Substanz genannt hat, zu Grunde gelegt werden oder das Ich oder die Idee des Absoluten, mögen einige Auffassungen ausgehen von dem Unbewussten oder andere die Welt als Darstellung des bewussten Willens ansehen, bei alledem stehen wir bisher immer noch vor dem verschleierten Bilde von Sais und werden vielleicht immer davor stehen, falls es nicht der exacten Wissenschaft gelingen sollte, die Einheit und Zusammengehörigkeit von Denken und Ding nachzuweisen" (s. Stephan), in ethnisch-naturwissenschaftlicher Psychologie (innerhalb der von dem Denken sich selbst geschaffenen Welt).

Schnaubend arbeitet das Dampfross auf eiserner Bahn, — jetzt hält es an, mit ächzendem Schrei entfliegt, was wärmend drinnen erhitzt hat, und todtenstarre Stille fortan.

Hier liesse sich in Gleichnissen sprechen für ein deisidaimonisch geschrecktes Auge oder das entgeistigte des Spiritisten, der den aus lebenswarmem Körper beim Tode entfahrenden „Hans Dampf" im seelischen Astralleib umherspazieren sieht, — von indischer Sarira gestohlen (im σωμα αυγοειδες).

Wenn es mit dem Dampfross, in seine Componenten zerlegt, vorbei ist für immer, bleibt für die Werthschätzung (in ephemerer Existenz abgespielter Rolle) desjenige nur übrig, was während derselben gewirkt und geschaffen wurde (in treuen Dienstleistungen).

Und so bei dem, der abscheidet aus irdischem Dasein, wenn ihm sein „dies natalis" anbricht (nach stoischer Phraseologie).

Dabei tritt nun der Unterschied zu Tage, der die bisher deckende Gleichung zu einer irrationellen entstellen würde, wenn fortgezerrt in rhetorische Floskeln.

Das Dampfross tritt von der Bühne ab, wird abgeführt oder hinausgestossen, wenn im Wege stehend; seine Schuldigkeit ist gethan; und damit Basta!

Aber eine Schuld bleibt zu zahlen, nach dem Lohnbuch dessen, der das Dampfross geführt, und welcher Thätigkeit desjenige zu danken ist, was kraft maschineller Vermittelung erreicht ist.

Und so im anthropinen Organismus, wo der Leiter der leiblichen Maschine nicht äusserlich aufhockt, sondern drinnen steckt darin, als Wesensein (in psychologischer Entelechie), nicht jedoch ein schattenhafter Abklatsch, mit Gliedern und Eingeweiden ohne Zweck fortan, sondern eigenartiger Erscheinung nach ebenso totaliter verschieden, wie der Maschinist (aus Fleisch und Blut) von seiner Dampfmaschine, (die für seine Nutzung zusammengeschmiedet wurde).

Auch er geht den Weg alles Fleisches, früher oder später, nachdem vielleicht noch mancherlei Verwenduug für ihn im Eisenbahndienst gefunden ist. Das indess gehört nicht zur Sache, soweit der einzelne Sonderfall in Betracht zu nehmen ist, denn in Rücksicht darauf hat eine correcte Abrechnung stattgehabt, bis auf Heller und Pfennig, wie vom Kassirer gebucht.

Der im Körperleib steckende Maschinenführer, weil Eins mit demselben, theilt sein Geschick beim Zerfall, wenn dessen Stunde geschlagen, aber derselbe Uhrenzeiger oder Wegeweiser ruft ihn aus der Schienenbahn seines Lebenslaufs (ob eine eiserne harte gewesen, ob eine schmeidig gefällige) dahin, wo die Belohnungen seiner warten (wenn und wie beanspruchbar), und hier ist nun das ganze Stück in allseitig befriedigendster Weise (wie zu hoffen steht) mit einmaliger Aufführung zu Ende (da die Metasomatosen den dafür Sachverständigen überlassen bleiben).

Unabhängig von willkürlichen Launen und (Ab- oder Zu-)Neigungen geschieht die Abrechnung nach unabänderlicher Correctheit der Naturgesetze, die, wie terrestrisch durchforscht, auch kosmisch zu gelten haben, in allgemein durchwaltenden Harmonien, wie wiedertönend dem Verständniss (wenn dafür gestimmt).

In wunderbar künstlerischer Maschinerie sind die Functionen des Körperleibes in einandergefügt, aber je complicirter sie sich verschlingen, desto bedrückender kommt dem Denken das Gefühl, sich in solchem Gefängniss eingeschlossen zu finden, wo, wenn irgendwo eine Schraube los ist, Alles sich verschrauben und verdrehen mag in Qualen und Windungen körperlicher Schmerzen (und daraus fliessender Störungen geistig friedlicher und befriedigender Ruhe).

Wer nur im Zusammenhang mit zugehörig leiblichem Gerüste seine Persönlichkeit zur Empfindung zu bringen vermag, der wird gern nach factischen Beweisstücken suchen, für eine Wiederauferstehung des Leibes um die sinnlichen Genüsse zu erneuen, aetherisch idealisirt, wenn dem Geschmack so zusagend — (die Gedärme mit Wohlgerüchen gefüllt, nach den Ausforschungen katholischer Exegeten) — oder im Fressen und Saufen, bis zu sinnloser Trunkenheit (im patagonischen Himmel).

Andererseits wird, wer an das Schwelgen an geistige Genüsse

gewöhnt (oder verwöhnt) ist, froh und freudig dem (stoischen) Dies natalis entgegensehen, wo (ohne allzuschweren Todeskampf) die Abtrennung desjenigen statt zu haben hat, was für andere Sphären bestimmt ist (unter kosmischen Harmonien).

Zu den vier Elementen, als στοιχεια oder ῥιζαι, fügt indische Philosophie noch als fünftes den Aether (Akasa), um für die fünf Sinne entsprechende Aequisalente zu gewinnen (in Wechselbeziehungen zwischen Aromana und Ayatana).

Die chinesischen Elemente, als Erde, Eisen (oder Metal), Wasser, Holz und Feuer sind nach einer anderen Betrachtungsweise gruppirt, indem sie, wie die Steine im Allgemeinen, die Besonderheiten des metallischen Stoffes [oder des (in lebendigen Anspringen erstarrten) Kristall] unterscheiden, dann das Holz hinzutritt (als materialistische Verwirklichung des Wachsthumsprocesses), sowie das in seiner Kraft beweglich flüssige Wasser, und, als reine Kraft nur noch erscheinend, das Feuer — wogegen die Luft (weil in Unsichtlichkeit nicht verkörperbar) ausfällt (und mehr also noch der Aether).

Wenn die Netzhaut getroffen wird, reflectirt (oder projectirt) es sich in dem von Gesichtsform umrahmten Vorstellungsbild, denn das Ohr hallt es zurück, im gleichtönenden Echo, und auf Reaction aus optisch-acustischer Concordanz redet das Wort, das in seiner Einkörperung vor Augen steht, von der inneren Sinnesbedeutung, wodurch hervorgerufen, unverändert unter den sprachlich wechselnden Hülsen, womit bekleidet, um hörbar aufgefasst zu werden, im Verkehr des Gedankenaustausches (auf der Gesellschaftsschichtung).

In der als Logik unterschiedenen Abtheilung der Psychologie hat eine philosophirende Fachkunst die am Denken beobachteten Rechnungsweisen zusammengestellt, bis aufwärts zu einer Regula-de-tri etwa, im Syllogismos (peripatetischer Erfindung), mit mancherlei Appendix (in utopischen Federzeichnungen hingeworfen).

Zu Zeiten wo Besseres nicht zu thun war, während Perioden der Stagnation im Gange der Culturgeschichte, hat man gern sich unterhalten, Rechnungsaufgaben hinzukritzeln, aus Zahlen ohne Sinn, zu kabbalistischen Zifferwulsten (und in Geschwülsten pathologischer Abirrungen) aufgebauscht, in metaphysischen Speculationen, von denen man selber nicht wusste, woher sie gekommen, mit all den Popanzen, die mystisch daraus hervorlugten.

Praktisch können die Rechnungsoperationen dann erst ihre Ausnutzung erhalten, wenn es zum angewandten Rechnen kommt, wo dann in jeglicher Rubrik, betreffs des für jedesmaligen Fall zur Bearbeitung vorliegenden Materials, eine scharf genaueste Detailkenntniss vorausgesetzt ist (in erst unabweislicher Vorbedingung).

Solches Material wird (der Humanitas) in den ethnischen Sammlungen geliefert — bei Ueberblick des Menschengeschlechts in all seinen Variationen auf dem Globus durch Raum und Zeit — um zur Kenntnissnahme der Gesellschaftsgedanken, nach prüfend zerlegender Analyse (bis auf die elementaren Unterlagen) einen synthetischen Aufbau vorzunehmen, unter Erforschung der organisch durchwaltenden Wachsthumsprocesse (im Leben der Menschheit).

Und wenn auf Grund der in ihren Relationen gegenseitig controllirten Vergleichungen ein Absolutes anzunähern wäre, stände dem logischen Rechnen seine noetische Erweiterung in Aussicht, um sich zu Unendlichkeitsrechnungen zu befähigen (für höchst erste-letzte Fragenstellungen).

Als Zionshüter in der Gelehrten-Republik wachen die Sachkundigen der zugehörigen Fachdisciplinen, um, wenn die gesunde Vernunft durch Phantastereien bedroht ist, Allarm zu blasen (den ein gesundes Normalmass Ueberschreitenden mores lehrend, um sie wieder zur Raison zu bringen).

In der Ethnologie vor Allem, auf ihrem unabsehbaren Arbeitsfeld, gilt es einer Theilung der Arbeit, da jeder nur die der Assimilationsfähigkeit seines Organismus zugemessene Portion (unbeschadet des Gesundheitszustandes und ohne Beschwerung desselben) zu verdauen sich im Stande finden kann.

Das Areal einer jeden Disciplin ist mit Vertiefung in minutiöses Detail bis auf seine Fundamente im Untergrund gründlichst zu durchstöbern, und wer von den dort erlangten Resultaten bedarf, hat sie, wie im Consensus dortiger Fachgelehrten approbirt, von ihnen entgegenzunehmen, ohne mit eigenem Senf dazwischenzupfuschen (aus laienhafter Kurzsichtigkeit, in jedesmalig solchem Fall).

Beim Aufreihen der aus den Einzelwissenschaften erlangten Thatsachen ergiebt sich dann (im logischen Rechnen), unter welchen Gleichungsformeln sie zusammenzuordnen sein werden, um das Ziehen eines Fazit's zu erlauben, oder wo (bei vorläufigem non-liquet) weitere Ergänzung noch erforderlich bleibt (im Fortschritt der Forschung).

Die durch das, in steigendem Maasse, erregte Interesse bekundete Bedeutung des Buddhismus für unsere Gegenwart fällt nicht in seine — dem westlich socialen Leben (frisch-froh politischer Entfaltung) — fremdartige Moral, deren ethischen Theorien ohnedem (gleich allen sonst philosophisch-theologisirenden oder theologo-philosophischen) mancherlei Pro's und Contra's unterliegen, sondern dahin, dass solcher Buddhagama das in den Zeitaltern der Deduktion konsequentest [weil (unter verhältnissmässig geschichtsloser Umgebung) ungestörtest] durchgearbeitete System repräsentirt, und somit (den Studien) die geeignetsten Paradigmen liefert zur Controlle mit der Induktion im heutigen „Zeitalter der Naturwissenschaften", auf seinem ethno-noetischen Bereich) für eine naturwissenschaftliche Behandlungsweise der Psychologie).

Verehrung im Buddhismus (Ceylon's) ist ein Verbeugen (parami), wie im Gebetsceremonial des Islam (und auf Java auch für den Danyang Desa).

Die Verehrung der Reliquien*) des im Nirwana entschwundenen Buddha's, erregte den Zweifel Milinda's (über ihren Nutzzweck), und Nagasena antwortet mit dem Gleichniss der Kohlen, die wieder entzündet werden können (aber nicht, wenn ausgebrannt). Es handelt sich um den Elementargedanken des (seelischen) Rapports, wie beim Verbrennen der Excremente oder sonstiger Körperabfälle (auf Tanna), wie beim Prickeln des Atzmann's (zum Tödten des Feindes) u. s. w., und wie im bösen, auch im guten Sinne verwendbar. Dabei wird der (hervorragenden) Zahnreliquie in der Stanza (der Buddha Adibilla) eine besondere Kraft zugeschrieben, als direkt das Nirwana beschaffend (nach Art einer indulgentia plenaria), und dies schwächt sich ab in Omitofu's Namensanrufung (oder der der Madonna).

Bei Verehrung der Pagoden werden die Heiligen genannt, von denen die Reliquien niedergelegt sind, bei Verehrung der Bo-Bäume,

---

*) Wie der Perchara der „Relics from the four principal Hindoo temples" (s. Cunning) die der Dolada Maligawa (durch König Kirti Sri) zugefügt wurde (auf Ceylon), so wurde in der Procession (zu Khotan) das Bild Buddah's umhergeführt, zusammen mit Indra und Brahma, sowie Lha (der Tibeter) und Tocgri der Mogulen (zu Fa-Hian's Zeit) als Tenggri (oder Togoq), im Rivalen Semar's oder Samar's). Die Kap (pillar) des Jak-Baum-Stammes, für die Tempel Maha-Vishnu's, Nata's, Kutaragama's und Pathinih wurden mit Pfeil und Bogen (der Götter), sowie dem Schwert (zum Wasserschneiden bei Sonnenaufgang) in Procession herumgeführt (in Kandy), um Vishnu's Geburt (als Krishna) zu feiern (oder seinen Sieg über die Asuren).

die Plätze, wo sie erwachsen, bei Darbringung von Weihrauch wird sein (den Gestank übertäubender) Wohlgeruch erwähnt, bei Darbringung von Blumen (den heiligen Füssen Buddha's) ihre schöne Farbe und lieblicher Duft gepriesen u. dergl. m.

Der mit dem Zwielicht sich vom Lager Erhebende hat, nach Waschen und Reinigungen, Blumenopfer darzubringen und dann unter Meditationen über Buddha's Qualitäten das Tagewerk zu beginnen, und der dasselbe am Abend Beschliessende bringt Blumenopfer dar, um dann (nach dem Abendessen) unter Meditationen über Buddha's Qualitäten in Schlaf zu fallen. In einer der Gebetsstanzen (im Buddha Adihila) wurde der Bauta Tathagata gebeten, irgend welche Sünden, wie durch Körper, Sinn oder Zufall begangen, zu begnadigen (nach der darüber gelieferten Uebersetzung), so dass auch (im Atheismus des Hinajana) sich ein Herzensbedürfniss fühlbar macht, das im Mahayana (wie im Katholizismus) mit Gnadenmittel überfüttert wird (im embarras de richesses).

Wenn der Buddhist (in Stunden frommgesinnter Andacht) dem (durch Anblick des Bildes aufgefrischten) Gedächtniss an den dahingegangenen Tathagata Blumen*) darbringt, um eine mit der seinigen (wie in Vollendung aufgegangen) gleichartig ähnliche Stimmung hervorzurufen, wird aus solchem Zusammenklang (im Walten des Dharma) eine Mitbetheiligung an den erlangten Verdiensten angesehnt (im allgemein durchgehenden Erlösungszug), und wäre auch hier aus einem „Thesaurus meritorum superabundantium" zu schöpfen (im übervollsten Maasse), die freilich nicht in der (ihren Petersbeutel tragenden) Hand eines auf Erden eingesetzten Stellvertreters liegen, sondern in gesetzlichen Ursächlichkeiten (nach den uranographischen Erklärungen des Systems).

Neben derartig aus Bewusstheit (der Sündenschuld) zeitweis anwehenden Betrachtungen, wird dann für die tagtäglich im Leben (besonders bei den das Gesundheitsgefühl peinvoll beeindruckenden Krankheitsfällen) prompter direktere Abhülfe verlangt, wie durch Vermittelung der Wong (als Malikim und sonst angelischer Kollegen) gewährt werden mag, und so durch die, mittelst Heiligsprechung in dem Mandarinenstaat einer „civitas dei" eingeführten Nothhelfer oder

---

*) „Iti osoh bhagawatto (bhagawan), arahatto (arahan) sama sambuddho lokawito sampano-anumada purso dhammo loko lokowito sarti sattianam buddho bhagawati", wird von dem Verehrer (in den Vihara's Ceylon's) mit dreimaliger Wiederholung gesprochen (unter Niederlegen von Blumen).

(auf dem Buddhagama) durch die (nach Buddha's Auftrag) durch Sakko (im Mahavansa) auf Erden eingesetzten Hüter (aus göttlich dämonischen Mächten, unter Vishnu's Dienstbarkeit (auf Ceylon).

Mit ihnen verhandelt es sich unceremoniöser (in den Dewale), sie erhalten ihre substantielle Abzahlung, weil sie nicht nur durch Blumenduft, sondern mit solid aufgetischten Gerichten (Reis, Bananen, Honigkuchen u s. w.) gefüttert werden; indessen dann erst, nachdem die Kur eingeschlagen hat — vorher giebt es nur ein Kupfermünzchen (zur Anzahlung).

Der Mensch fühlt sich eingebannt in ein unerbittlich rollendes Geschick, das aus den Bestimmungen der Moira oder (sofern vornehmlich feindlich empfunden) des Raja Sila redet und seine Fügung verlangt, das jedoch, wenn als Taqdir, in die Hand eines anthropomorphosirten Gottes verlegt, leicht ein Murren erregt, weil ein mit menschlichen Leiden- und Eigenschaften bekleidetes Denkgeschöpf menschlich zu handeln und Gnade walten zu lassen in seiner Macht hat (wenn mit heissen Bitten bestürmt).

Hier also (in willenloser Ergebung) wäre nichts zu machen, ausser wo die Fürsprache der dem Thron des Höchsten näher stehenden Wali (oder patronisirender Heiliger) erlangt werden könnte, in Ishta-devata (wenn richtig gewählt) oder dem Kula-devata (als einem vertraulicher gestimmten).

Wo (bei Namenslosigkeit der Gottheit) in der Natur unergründliche Mächte walten, mag der seelische Rapport (durch Gedanken-Association) übernatürliche Hilfen zu erlangen suchen, die aus dem Innern nach Aussen projicirten Kräfte wiederum fesselnd (im Bangsaalus, dämonischer Umgebung), und ihnen nun, weil ausser-, übermenschlichen zu trauen (soweit, experimentell, probat erfunden).

Wenn vor Erhellung des Wissens die schattenhaften Personifikationen der Naturkräfte verflüchtigt verdämmern (und entschwinden), dann verbleibt das Gefühl der aus ihnen sprechenden Gesetzlichkeiten, als einigendes Band zugleich, um den Mikrokosmos — den der Mensch (bei Erschöpfung der Denkmöglichkeiten) seiner Beherrschung zu unterwerfen vermag — mit dem Makrokosmos zu verknüpfen, der auf planetarischem Standpunkt ein allzu übermächtiger erscheint, um ein beeinflussendes Antasten wagen zu dürfen, obwohl immerhin eine Art Reciprocität nicht ausgeschlossen zu sein brauchte, nach Analogie der pflanzlich treibenden Lebenskraft, die zwar in den

Gesetzlichkeiten ihrer Entwickelungsprocesse von denen der gäo-meteorologischen Agentien dominirt wird, aber, im beschränkten Masse, ihrerseits daraufhin zu reagiren vermag (wie bei Modificirung des Regenfalls durch Laubfülle oder des Bodens mittelst Wurzelzersetzung).

Zunächst handelt es sich für den Menschen darum, die seinen Mikrokosmos durchklingenden Gesetzlichkeiten harmonisch einzustimmen mit denen des Universums (im All des Daseienden).

In Vierfachheit der kostbar erhabenen Wahrsprüche fühlt sich der Schmerz als Grund des Leids im gebrechlich irdischen Leben, das des Buddha Lehre zum heilenden Ausgleich zu führen verspricht. Und so in den Agama anderer Religionen, die alle vom Erlösungzug durchdrungen, ihr Heilswort ansehnen.

Wenn im Augenschein des gäocentrischen Systems der psychologische Process seinen Gott sich anthropomorphisirt hat, mit den Gliedmassen allen, dann empfindet das aus seiner Hände Werk hervorgegangene Geschöpf das Abhängigkeitsgefühl von eisern waltendem Schicksal in die Macht eines verantwortungslos allmächtigen Herren gelegt, und der Grund des Leidens kann dann nur in einem Vergehen — in Bestrafung eines Verbrechens, wodurch auferlegte Gebote gebrochen sind — gesucht werden (in sündhafter That, die ihre Sühnung verlangt), oder wenn die Schöpfung aus degradirender Emanation hervorgegangen, dann liegt das Sündhafte gleichsam in dem Schöpfer selber, der seine göttlich rein heilige Wesenheit in absteigender Reihe erniedrigte. Im ersten Falle kann Erlösung nur durch Flehen um Barmherzigkeit erhofft werden, aus zugewendeter Gnade, im andern hätte es als nachträglicher Reueact des Höchsten zu gelten, wenn er den von seiner Höhe in unselige Tiefen Gefallenen die Rückkehr gestattet und erleichtert (um wiederum in Absorption sich zu einen).

Schon bei kürzesten Gedankenreihen der Wildstämme wird gegen die Uebel, die treffen, Heilung gesucht von irgend welchem Insassen des dämonischen Bangsa alus, und wenn mit den Verlängerungen in culturellen Meditationen die Fragen über die Mysterien des Daseins herantreten, werden sie beantwortet durch die eine Gottheit*) verhüllenden Geheimnisse (auf dem rationellen Denken transcendentalen Gebiets).

*) The Pasupatas (s. Colebrooke) identify the one supreme God with Siva or Pasupati and give him the title of Mahawasa (als „Carta" und „Adhistata").

Dem Buddhismus fehlt mit der Beschränkung auf das gäocentrische System die einbannende Personification des Gottbegriffes, und so wird der psychologische Grund des Lebensbilds zu ergründen gesucht (in der Vierwahrheit).

Anatta, Aneizza, Dukkha: Da ist kein Anhalt an täuschendes Bewusstsein, Alles schwindet änderlich vergänglich dahin, und daher die poethisch schmerzliche Empfindung stetiger Verwundung (ehe der angestrebte Ruhezustand erlangt ist). Das Bewusstsein fällt in die zu Nama gehörigen Khanda, indem Vinyana sich in Mano, dem sechsten Sinne, mit den übrigen kreuzt, die, in Anpakhanda eingeschlossen, als Materialisirungen der Tan-Matra (in Maha-Bhuta der Sankhya) mit diesen in Wechselwirkung stehen, und aus Berührung Nama's mit Rapa entspringt somit die Schmerzempfindung. Das Bewusstsein lebt im „Nun" (bei Eckart), im jedesmal dominirenden Chitr, der indess als Folge der vorangegangenen deren Potentialitäten einschliesst. Und so der letzte der in der Todesstunde entfliehenden Chitr, der aus dem Chuta-Chitr in Patisonthi-Chitr gewandelt, sich durch die aus voriger Existenz (aus zunächst betäubender Avidhya) aufdämmernden Vorstellungen (in Sanskara) darin wiederum eingebannt findet, und somit in ihre wechselweisen Rückwirkungen auf die Materialisirungen (der Tan-Matra). Die Anklebung hat im Stadium Upadana statt (in der Nidana). Hier gilt es nun, durch stete Concentration auf Anata, Aneizza das Materielle aus dem Vorstellungskreis auszuwischen, um denselben gänzlich mit Dhamma (dem Arom Mano's) zu erfüllen, und hier ergiebt sich dann das Nirvana als Asangkhata-Ayatana (bei Durchschau des Bodhi).

Ein jeder Gedanke (wenn zum Wissensentschluss practischer Ausführung gelangend) ist eine That (und eine aus immaterieller Hyle geformte vorher schon). Wie der (Misse-)Thäter sein Verbrechen sühnt, so schmiedet Jeder sich sein Glück (oder Unglück). Das Karman ist somit ein Thun, aber die jedesmalig moralisch daraus folgende (und religiös bindende) Verantwortung war in die eigene Hand gelegt (zur Verschuldung oder Verdienstlichkeit).

Die aus den „Gestaltungen" (s. Oldenberg) oder (b. Warren) „Memory-structures" der Samskaras (als Vorstellungen in subjectiver Fassung) dem Gedächtniss eingestreuten Keime verbleiben oftmals unter den momentan überwiegenden Eindrücken der im Physischen wühlenden Gefühlsregungen, aber sie mögen aus ihrer Latenz wiedererweckt werden zur Concentration im Chuti-Chitr (wie vom Ertrinken

Gerettete erzählen, dass in einem Blitzschlage ihr gesammt vergangenes Leben, mit allen Details, vor den Augen gestanden hätte) und somit formt nun der Patisonthi-Chitr (der Vinyana in den Nidana) die Unterlage der künftigen Existenz (als Hypokeimenon ihrer Neubildung).

Die für einstiges Geschick entscheidende Frage fällt dahin nun, ob oder wie, im gegenwärtigen Leben, die Vergehen desselben wieder gut gemacht, aus dem Fehlgehen in die richtige Bahn (der Megga) wieder hingeleitet werden können, um aus den Gewissensqualen bitterer Bereuung, im Vollmaass des Leidens, das zu sühnen, was versehen war und bei nachträglich besserer Einsicht sich als sündhaft verurtheilt findet. Hier soll der in den Dhyana vorgeschriebene Weg zur Piti (Freude) führen (unter Aufhebung der Dukkha), wird indess (wenn durch jogische Künste der Respirationsregelung unterstützt) nur die vorübergehende Verzückung der Mystiker anstreifen, die nachher in desto ödere Trostlosigkeit zurückfallen. Um dauernde Resultate zu sichern, muss das Schuldbuch des Bösens durch gleichwerthige (oder überschüssige) Balance getilgt werden, in ernst-ehrlicher Arbeit eines festentschlossenen Willens).

Und hier ist der goldene Mittelweg eines logisch vernünftigen Rechnens zu wahren, da die vor Erlernung des Einmaleins in Unendlichkeitsrechnungen (wüsten Zahlengetümmels) verstrickten Metaphysiker, die an den (von Akanishta abzweigenden) Megga vorbei geschossen sind, aus ihren Arupa-Terrassen (nach Ablauf der Seeligkeitsfrist) in Awitchi zurückstürzen (aus einem Excess in den andern).

Ueberzeugt von Unerbittlichkeit seiner Karma, freut sich der Buddhist der Leiden, die im Leben treffen, weil die schrecklicheren, wie in den Naraka bevorstehend, mildernd, er lacht, in Eulenspiegeleien, beim Ansteigen des Hügels, und weint, ein neues vorhersehend, beim Absteigen; er bedauert die auf Erden Glücklichen, die zwar der Belohnungen früherer Verdienste wegen zu ehren sind, aber in ihrem Glücksgenuss allzuleicht vergessen, am Heilsapparat des nächsten Existenzwechsel fortzuarbeiten, und vor Allem hat er durchdrungen zu sein, von der Begünstigung seiner Wiedergeburt in Manuschaloka auf Djambudwipa, da sie, die, wenn nicht allein, doch am wirksamsten dem Heilswort zu lauschen gestattet, schwierigst zu erlangen ist, — gleich unsicheren Zufälligkeiten unterworfen, als das Hineinpassen des Schildkrötenhalses in den durchlöcherten Block, der an entgegengesetzter Richtung in das unermessliche Weltmeer geworfen, dort umhertreibt, ein Spiel der Wellen und Winde —, so dass die Gelegenheit ausgenutzt werden muss (gearbeitet, so lange es Tag ist).

In Nama (mit Rupa verbunden) vertritt Vinyana (mit ihren Chitr) die Apperception, Sanja die Perception (durch die Chetasika, neben Vedana) als Empfindungen und Sanskara die Gefühlsregungen, während die Bewusstheit in Mana fällt (mit Dharma als Aromana).

Der Körper entsteht nicht zwischen Blumen oder Edelsteinen (nach der Visuddhi Magga), „but ill-smelling, disgusting and repulsive, it arises between the stomach and the lower intestines, with the belly-wall behind and the back-bone in front, in the midst of the entrails and mesentary, in an exceedingly contracted, ill-smelling, disgusting and repulsive place" (s. Warren), so dass Maya's Mutterleib (zur Aufnahme des Phaya Llaun) vorher durch die Dewa auszuschmücken ist (in der Lalita vistara).

The Karma, which bears fruit in the present existence is the meritorious or demeritorious thoughts constituting the first swiftness in the seven thoughts of a stream of swiftness (the Karma*) wich bears fruit in rebirth is the efficacious thought, which constitutes the seventh swiftness), the Karma wich bears fruit at no fixed time is the thoughts constituting the five intermediate swiftnesses (s. Warren), „there is no bygone Karma" (nach der. Visuddhi Magga).

Die Fünfheit der (in den Prasada) auf ihre Ayatana gestützten Sinnesempfindungen tritt in Thätigkeit aus naturbedingter Wechselbeziehung zu den makrokosmisch zugehörigen Aequivalenten (der Aromana) — das Auge mit Rupa oder der Gestaltungsform, das Ohr mit dem Laut, die Nase mit dem Riechstoff, die Zunge mit dem Schmecken, das Tasten mit dem Fühlen — und dazu kommt als sechster Sinn (worin die übrigen sich kreuzen) Mano (durch sie ernährt) mit Dhamma, als Aromana, um durch dessen gesetzliches Verständniss das Dunkel der Avidya aufzuhellen (in Durchschau der Bodhi).

Dabei unterliegt die correspondirende Fünfheit aus den Dhatu (der Maha-Bhuta), das Fouer für das Sehen, der Aether für das

---

*) Karma-existence in Karma, which leads to the existence in the realm of sensual pleasures and is dependent on attachment, and the groups which spring from it are originating-existence (s Warren), the same in regard to existence in the realm of form and the existence in the realm of formlessness (in der Visuddhi Magga).

Hören, die Luft für das Riechen, das Wasser für das Schmecken, die Erde für das Fühlen, während Dhamma auf einem immateriellen Hypokeimenon basirt, und schon Akasa aus überirdischer Heimath hinzutritt, um in „Ewigkeit des Lauts" (eines unerschaffenen Koran oder der Veda) die Wortschöpfungen liefernd, die Erkenntniss zu klären für durchwaltendes Dharma (in Einheit des physischen und moralischen Gesetzes) oder (nach naturwissenschaftlicher Fassung) sich abzugleichen im Einklang kosmisch (in ihren Concordanzen) harmonisirender Gesetzlichkeiten (auch auf psychischem Bereich).

Wenn in Fülle seiner Vollendung der Buddha in Akasaloka's Nirvana eingeht, wallen (auf solchem Anstoss) die Aetherwellen aus, um die Potenzialitäten der aus der Asche voriger Welt zusammengewehten Dhatu aus ihrer Latenz zu wecken, für Neuschöpfung künftiger Kalpa [so dass sich auch hier ein Schöpfungsact aus dem Logos (oder Brahma's Vacch) allegorisiren liesse].

Dharma (als den Dhatu entsprechend) ist das gesetzlich jedem Dinge unzerstörbar einwohnende, im Zusammenhang mit allgemein kosmischen Gesetzlichkeiten, im Dharma der Tri-Ratna (als Einheit des physischen und moralischen Gesetzes). Und so ergiebt sich die Ewigkeit im Gottesbegriff, als Vishesha, aus den die Einzeldinge typisch markirenden Differencirungen (weil ihnen immanent, in Eigenartigkeit).

Mit solcher Eigentlichkeit ist somit dem Denken seine Grenze gesetzt (wie practisch rationeller Chemie in den Elementen), aber da es auf ein gesetzliches Walten hinauskommt, eröffnet sich Aussicht auf ein Verständniss bei dem psychologisch Anstrebbaren des Dharma (bei Durchschau der Bodhi), für den, dem Menschen eignenden Mikrokosmos, als der ihm zugehörigen Welt, deren (im Logos ausgesprochene) Aufgabe mit Erschöpfung der Denkmöglichkeiten als soweit erledigt sich erweist (kraft logischen Rechnens).

In dem Dehiwale-Vihara findet sich an einer Seite des (unter Glaskasten) liegenden Buddha ein stehender, an der anderen ein sitzender.

Ihm gegenüber stand (auf Schlange) ein vierarmiger Vishnu, der bei Krankheit und anderen Nothfällen Verehrung erhält und bei gutem Erfolg beschenkt wird, wie die seinen Armen angehäugten Schmuckketten bewiesen. Auf einem Altartische (vor dem Glaskasten) lag ein Palmblatt, auf dem der Bittsucher diejenigen

Geschenke aufgeschrieben hatte, die er bei Erhörung zu geben beabsichtigte.

Die Eintrittschwelle war mit Silbermünzen ausgelegt und eine andere mit silbernen Thierfiguren.

Ueber der Thür fand sich Siva (dreiäugig). Vischnu (blauschwarz) und Brahma (mit Schirm und Buch), sowie (der Götterkönig) Sakra (mit Muschel) und seitlich standen Thürhüter.

Die inneren Wände waren mit Naraka - Bildern bemalt und daneben mit Scenen, diejenigen Verbrechen (Raub, Betrug [durch falsches Gewicht], Jagd, Hurerei, Lausen, Trunkenheit) zeigend, derentwegen die jedesmalige Bestrafung erfolgt (im nebenstehenden Compartment).

Darüber fanden sich Gemälde der Devaloka (Sona devijuch vimana, Sumergul devilah vimanah, Tschula subrachdrah maha subrachdah etc.), weiter oben die Kandiranga-yataka und oberhalb die Reihe der Buddha (mit Dipankara beginnend), zu unterst dagegen die Geschichte Nemi's (im Wagen etc.).

Umlaufend war die Umayeyalaka angemalt, eine Wand war bedeckt mit Scenen aus dem Leben Buddhas, eine andere mit der Masura sitananga katul (der Geschichte des mildthätigen Edelmannes, der Nirvana erwarb) und Rewatti's (der wegen Hartherzigkeit gegen die Armen durch Dämone zur Hölle geschleppten Frau).

Am Plafond der einen Kammer fanden sich die 18 Uersi-vansa (Rishi) aufgemalt (Pulastya, Brahaspati, Parasis, Vyasa, Narada etc.), sowie die elf Sterne mit Thierfiguren daneben (Kameel, Elephant, Löwe, Pferd, Schwein u. s. w.) als Karana, auf einem andern waren die zehn Avataren Vishnu's — mit denen derselbe sich bekleidet hatte, während mit Krischna in Vollheit erschienen — dargestellt, die Matja, Singha, Kuma, Vahara, Vamana, Parasu-Rama's, Rama's, die eines kreuzbeinig sitzenden Buddha (und Kalki's).

Die Frage, welcher Zweck (wie bei den übrigen Avataren jedesmalig bekannt) bei der Buddha - Avatare (der täuschenden, nach brahmanischer Deutung) vorgelegen hätte, wurde von dem umherführenden Novizen ablehnend beantwortet, da diese Darstellungen aus brahmanischer Götterwelt den buddhistischen Mönchen nichts angingen, und auch der nachträglich consultirte Klosterabt wusste nicht viel mehr, meinte indess, dass in der gloriosen Erscheinung Buddhas (wie der Erde beschieden) Vishnu sich zeitweise manifestirt habe, um sie der Menschenwelt vorzuführen (wofür auf das Ramayana verwiesen wurde). Diese (auch mit Krishna identificirte) Avatare schliesst dann die Reihe der soweitigen ab und verbleibt Kalki der Zukunft (als Maitreya).

Die die Dagoba (welcher ihre Opfergaben in eine Hohlnische eingestellt wurden) umgebende Mauer war reihenweis dreieckig durchbrochen, für die Lampen (bei Illuminationen).

Vor dem Bodhi-Baum fand sich ein Relief des meditirenden Buddha (unter übergemaltem Baum), mit Sakra (und Narada) auf der einen Seite und Brahma (mit Vishnu) auf der andern. Die umhergehängten Opferfähnchen zeigten sich mehrfach durchschnitten, und wurde als Grund angegeben, sie dadurch vor dem Wegstehlen zu sichern (weil unbrauchbar gemacht).

In einer dem Tempel (dessen alte Steinpfeiler bunt übertüncht waren) modern hinzugebauten Halle trug die Thür die Ueberschrift: Buddun wanda Niman pattan (Verehre Buddha und gehe ein zum Nirvana).

Ausser der Centralfigur des gelagerten Buddha zeigte sich Buddha in siebenfacher Stellung, unter dem Bodhi-Baum sitzend, dann stehend, auf dem goldenen Weg, auf dem goldenen Sitz, unter einem Ajapala-Baum, unter dem über ihn gewölbten Naga, unter einem Keripalugaba-Baum, und (das Abhidharma) lehrend (den nebengemalten Deva und Uerschi). Ueber dem kraus eng anliegenden Haar (auf Buddhas Haupt) erhebt sich das Kesa-dhatu (spiralig). Die Wände sind mit der Damonda-jataka und der Manitorayedaka bemalt. In einer Nebenkammer war die Figur Vesantaras aufgestellt zwischen seinen Kindern, sowie der sie fordernde Brahmane (während das Bild der Königin hinzugemalt war).

In der Predigt-Halle umschloss eine Vergitterung die auf einem Tische aufgestapelten Bücher des Tripitaka, sowie einen Glaskasten mit Buddhafigürchen aus Gold, Silber, Alabaster etc.). An der Wand waren die verschiedenen Dagobas Buddhas dargestellt und der Plafond bemalt mit den elf Planeten, sowie dem Zodiakus.

Der auf Stufen erstiegene Tempel von Kaliniya zeigt im ersten Raum die stehende Figur des Königs (der Nagas) Mangakikke (und daneben das Bild seiner Gattin Naja Kanja), sowie die Bilder der Könige Kaluntisse und Yatalisse von Magau (oder Kandy), die den Tempel erbauten, nebst seitlich einen Thorhüter (Dwarapala), die Wände mit Jataka bemalt (und Maras Angriff).

Im Hinterraum liegt die gigantische Figur Buddhas (von damaliger

Dimension), während (für die jetzigen Verehrer verkleinert) zwei Buddha-Figuren sitzen, und zwei stehen am Kopfende; am Fussende dagegen der Gott Naba (Maitreya in Zukunft) sich findet, sowie die Figuren von Vishnu und Katragama. Die Wände sind bemalt mit den vier Welthütern.

Auf der einen Seite findet sich Saman (auf einem Elephanten) sowie Wibesena (mit Hauern) und dazwischen die auf einem Pfeiler knieende Erdgöttin (Pathavi), Adam's Pik tragend, sowie Muschelbläser und Sarawati; auf der anderen Seite Iswara (mit Trident) und Gana (mit Elephantenrüssel), sowie Hanuman unter Sakra:

Vor den Figuren Buddhas sind Blumen gestreut, vor denen Vishnu's und Katragamas ausserdem Opfergaben (Reis, Bananen, Honigkuchen). Die Verehrer (in Krankheitsfällen) binden Kupfermünzen in Papier an einen Eisenstab, unter dem Spruch:

Akasa thatscha bumito Dewa Naga Mahilika pungantana moditwa terau wakantu lokasasana (oben und unten, von allen Göttern, mag das Verdienst zu Gute kommen, wenn heilend). Im Falle der Heilung bringt der Verehrer die Opfergaben, die später den Armen übermittelt werden.

Die Jataka begreifen Mahakanna, Vesautara, Samaja, Dewa Derma, Dharma pala u. s. w.

Der unterste Umlauf der Pagode ist mit Thontöpfchen besetzt. Ausserhalb stehen in einer Vergitterung Feuerständer, in deren einem ein ewiges Licht unterhalten wird.

Zum Platz der Predigten findet sich in der Mitte die Kanzel erhöht. In der Wohnung des Abtes finden sich die Palmbücher (des Tripitaka), der Bo-Baum ist durch eine Mauer umzogen, und auf einem Absatz derselben sind Blumen gestreut.

Am Eingang der Pagode steht das Dewale, wo vor einem verhängten Bilde Wibesena's (oder Vishnu's) Opfergaben (und Zinnfiguren) dargebracht sind (neben Blumen). Der Kapua wird viermal im Monat ($6^1/_2$ Uhr a. m. und 5 Uhr p m.) vom Gott Saman ergriffen, und beantwortet dann Fragen über Heilung (im ecstatischen Tanz).

Die Wände sind bemalt mit Buddha's Auszug und seinem Haarabschneiden (über Naraka Bilder). In einer Ecke standen Palankine, worin beim Fest ein eiserner Almosentopf umhergetragen wird (für Beiträge, die den Mönchen bestimmt sind (und auch zur Vergoldung wird eingesammelt).

Die Viergötter der Mässigkeit, der Klugheit, des Entschlusses und der Gerechtigkeit (Gandarvath, Virupakscha, Waissawane und Viruda) versammeln sich einmal monatlich in Sagandemale (Brahmaloka's) zum Berathschlage unter Vorsitz von Sakka dewinde, der barmherzig auf die in Noth Bedrängten herabblickt.

In dem, den Ueberresten des früher Königlichen Palastes angebauten Dalada Maligawa (mit der „oriental library") wohnen (mit monatlicher Ablösung) sechs Mönche aus dem am anderen Ufer des See's gelegenen Vihare, und aus ihm kommt am Vormittag der Abt mit seinen Begleitern herüber, um die Thüren der die Buddha-Bilder enthaltenden Schreine zu öffnen.

Schon vorher waren die Korridore mit Männern und Frauen gefüllt, welche Blumenkränze und Bouquets arrangirten oder aus den Ständen (in und vor dem Tempel) kauften (zur Darbringung) und geschäftig waren die umlaufenden Lichtständer mit Oel zu füllen oder brennend zu erhalten.

Es hatten sich Gruppen gebildet und in einer derselben hielt ein halberwachsener Knabe eine fliessende Ansprache (von gefälligen Gesten begleitet), dem von Alt und Jung andächtig zugehört wurde und bei Beendigung das Sadhu dargebracht (mit den zur Stirn erhobenen Händen). Auch Verkäufer der Buchstände lasen im einförmig singenden Ton Buddhas Lob (während die priesterliche Predigt, in der dafür bestimmten Halle, nur an den Festtagen statt hat).

In dem mit dem Vihare verbundenen (und durch eine Flucht von Treppen erstiegenen) Maha-Dewale wird die Hinterthür des Tempels, der das Bild Maha-Vishnu-Deo's einschliesst, nur bei festlichen Gelegenheiten eröffnet, während in der Vorhalle die ihn (beim Jahresfest) umhertragende Sänfte stand, neben einer andern (mit Silber beschlagen) für den Topf, sowie diejenige (mit Elfenbeinschnitzereien) für das Schwert und sonstige Zugehörigkeiten. Der Thür waren schlank stehende Figuren angemalt, mit erhobenem Arm.

Ausser Kranke, die Heilung suchen, kommen auch im Lebensunterhalt bedrängte Arbeitsucher dorthin, und wenn ihr durch den Kapurale dem Gotte vorgetragener Wunsch einschlägt, bringen sie Geschenke (auch in Kostbarkeiten manchmal).

Gegenüber liegt das Nata-Dewale, in einem Park, mit dem Bodhi-Baum (durch Leuchtschalen umstellt), sowie dem (verschlossenen) Tempel Nata-Deo's oder Maitreya's. Zur Zeit der Abend-Andacht öffnete der Kapurale, nachdem er sich durch Waschen gereinigt und ein weisses Gewand angelegt hatte, die Vorhalle (mit Tragstühlen), aber nicht die des Bildes (ein als mit herabhängendem Fuss und vorgestrecktem, sitzend beschriebenes). das (aus Gold und Edelstein) sich hinter fünf einander folgenden Thüren fände, zu welchen die Schlüssel in verschiedenen Händen aufbewahrt wurden.

Solche, die Heilung von Krankheit oder Arbeit (verbesserte Lebensstellung u. dgl. m.) wünschen, tragen ihren Wunsch dem Kapurale vor, der sich dann an den Nata-dev wendet.

Jatikawa Nute deyaning ange jatikakanor mate one kamak nisa nikari estawindo one dewiyaning ilinoara, Nate dewale Puuscherale, Kapurale.

„Um Arbeit zu suchen kommt zum Gott" etc. Nur fromme Wünsche dürfen an diesem Orte ausgesprochen werden (alles Unheilige bleibe fern).

Der Aussenthür waren Löwentiger angemalt, sowie das Bild der Sonne auf einer, das des Mondes auf der anderen Seite. Einige Holzpfeiler waren mit alten Schnitzereien ornamentirt, und mit Thierfiguren sculptirte Steine, die von Ausgrabungen herrührten, dienten als Lichtträger (aufrecht gestellt).

Weiterhin — gegenüber einem ummauerten Bodhi-Baum, zu dem eine Treppe hinaufführte — lag der Pattinih-Dewale mit verschlossener Thür, die indess durch den Kapurale (der, wenn von der Gottheit bezahlt, tanzt) geöffnet wurde, und befanden wir uns in der Vorhalle (mit Tragsänften), die gegen die Draussenstehenden sorgsam wieder geschlossen wurde.

Bei Erkundigungen über die Abstammung der Göttinn wurde ihre Herkunft aus einem Mangoe-Baum (bei Madras) bestätigt, und als die Miniatur-Nachahmung einer Mangoefrucht in Zinn, sowie zinnerne Nachahmungen von (geheilten) Augen und kleinen Menschenfiguren (die aus einer Kiste der Vorrathskammer heraus gekramt waren) gegen Silberstücke umgewechselt waren, öffneten sich auch die zwei noch einander folgenden Thüren bis zum Hintergemach (des Allerheiligsten), wo die bunt bemalte Holzfigur Pattinih's stand, mit Diadem geschmückt (neben baarhäuptig kleinerer Figur) und an ihrem Arm ein silbernes Armband tragend (von einem Verehrer angehängt).

In Krankheitsfällen redet zu ihr der Kapurale mit dem Spruch: „Mehebare chare bare gandone de doke saripawe windone dedone sarmipone" (diese Person kommt hierher, um geheilt zu werden, innerhalb zwei Tagen, wenn es sein kann).

Seitlich lag ein niedriges Vihare mit sitzender Buddhafigur (die Wände bemalt mit den 24 Buddha, beginnend mit Dipankara, unter beigeschriebenen Namen).

Im (tamulischen) Katragam-Dewale wurden die [mit Dualepalegit (statt Siva) genannten Hauerfiguren (auf einem breitgesichtigen Löwen tanzend) ummalten] Thüren bei dem Abendcult (um Sonnenuntergang) geöffnet, und zeigten Puliar mit Elephantenrüssel auf einem Stier, sowie Vireprotesame (in betender Stellung in einem Nebengebäude, und am Ende eines langen Ganges Lichter, die um die Figur Katragama's brannten).

Auf der über einen Wassergraben führenden Brücke (am Eingangsthor des Zahn-Tempels zu Kandy) standen Kinder, um Futter zu verkaufen, das den Fischen zugeworfen wird.

Die am Schrein Blumen, Früchte, Zeuge u. s. w. Darbringenden boten die Trage den Begegnenden an, um sie mit den Händen zu umfassen (und so an dem Verdienst zu participiren).

Auf der zum Tempel führenden Strasse hielt von einem Bretterstand herab ein Laie (in gewöhnlicher Volkstracht) eine Ansprache an die zahlreich versammelten Zuhörer, sie ermahnend, sich des Betrinkens zu enthalten, lügnerischer Worte, lärmenden Unfugs u dgl. m. (weil ungeziemend für einen Verehrer Buddah's).

Vor den Thüren des centralen Schreins, der (unter einem oberen Stockwerk) die Zahnreliquie einschliesst, knieten (mit der Stirn auf der Erde) Gebete Recitirende. In einem Seitengitter (wodurch Blumen hineingesteckt waren) finden sich verschiedene Buddhafiguren aus Alabaster, Gold, Silber u. s. w, sowie (in einem verzierten Kasten) eine krystallene, die mit einem dahinter gehaltenen Licht durchscheinend gemacht wurde. In den Höfen hängen Flaggen (zum Theil in Menschengestalt ausgeschnitten) und werden dieselben, beim Reinfegen des Tempels, in einem Magazinraum aufgehoben für die Dauer eines Jahres (worauf sie verbrannt werden).

Der Kapurale giebt den seinen Gott (mit dem er sich innerhalb des Dewale in unverständlicher Sprache unterhält) consultirenden Kranken ein aus dem Holz des Baumes Handung verfertigtes Pulver, um daraus der Stirn eine Tika aufzudrücken.

Von den Kapuralo sind nur wenige vertraubar (meinte mein Berichterstatter), da sie, statt von Vegetabilien zu leben (in Reinheit), Arak trinken und von Sünden der Fleischeslust sich nicht frei halten.

Am Wege (bei Kandy) stand ein Yak-Madur, ein zur Sühnung

des Yakka (mit Blumenblätter) errichtetes Kapellenhaus (aus gegittertem Bambus), neben dem Kuhstall eines daneben wohnenden Hausbesitzers, der den seine Wohnung mit Steinen werfenden Yakkas, der dort weilt, wegtreiben wollte.

In dem Gangaran-Vihare (des Dorfes Talwatte) findet sich (roth bewandet) eine stehende Buddhafigur zwischen Mogullana (dunkler Farbe) und Sariputta. An den Wänden finden sich Scenen aus Buddha's Leben, wie er badet, schläft, verehrt wird von Fürsten, Tänzerinnen, Musikanten u. dgl. m., seinem Sohn Rahula den Kopf scheeren lässt zur Priesterweihe u. s. m. Darüber sind Buddha-Figuren gemalt (circa 300).

An der Thür (mit Krokodilen, Schlangen und Medusenhaupt umbogen) sind Muschelbläser und Schwertführer angemalt, sowie der Mond (mit Herzen) von sieben Elephanten getragen und die Sonne von Pferden.

Eine der dem Fels aussen eingemeisselten Inschriften (des Königs Koti-Gri-Raja-Singa) zählt die Ländereien des Tempels auf. Die Verehrung wird zuerst der neben dem Tempel stehenden Dagoba (mit Buddha's Reliquien) dargebracht, dann dem Buddhabilde, und zuletzt dem (mit Nischen ummauerten) Bo-Baum.

Am Tempel waren (menschenähnlich) ausgeschnittene Flaggen aufgehängt von (hergestellten) Kranken, die sich zur Heilung dorthin gewandt hatten. Doch geschieht dies nur von denen, die sich keiner Sünde bewusst sind, während die Mehrzahl vorzieht, sich nach dem Dewale zu begeben, um Heilung zu suchen.

Neben den Nakshatra-Carea oder Jotik-nya, die (nach sanscritischen oder tumilischen Vorlagen im Singhalesischen) den Kalender reguliren, werden (auf Ceylon) die Bali-Ceremonien [um bei Missfällen im Leben die planetarischen Einflüsse (durch Aufstellung der Regenten in ihren Bildern und Verehrung derselben mit Opfergaben) günstig zu stimmen] von den (aus Elu-Büchern Dichtungen recitirenden) Berewaya (Trommler) oder Nekate (als Astrologen) geübt, die zugleich (in ihren Kasten), als Yakkadura oder Kattaria fungirend, bei Krankheiten (mittelst Mantras im Tamil oder Sanscrit) die solche verursachenden Yakka beschwören und unter der Maske der sie beherrschenden Meister austreiben (zur Heilung).

Von einem Besessenen wird gesagt: awesa oder aruda, beim Herabkommen) „Uta yakkak awesa alla" (auf ihm ist ein Yakka herabgekommen), während auf den Inspirirten (Kapua) ein Dewa herabkommt (awena).

Die durch Wijeja aus Ceylon vertriebenen Yakka flüchteten nach der Meeres-Insel Yakka-giri-dewena (der Inselfels des Yakka), und von dort fällt der Schatten desjenigen Yakka, mit dem der Yakkoduro sich in Rapport gesetzt hat, auf ihn nieder, um ihn mit Kraft der Beschwörungen zu begaben).

Krankheiten werden durchschnittlich durch Sanneh verursacht, wenn das Zusammentreffen der Säfte im Körper schlechte (statt gute) Effecte hervorruft, können indess auch den Nachstellungen eines Yakka zugeschrieben werden, wenn nach einem Aufenthalt im Walde oder auf Begräbnissplätzen eintretend (den Verweilplätzen der Yakka).

Solchen Gesundheitsstörungen ist besonders der Furchtsame (Baiya) ausgesetzt. „Baiya name gakkoteh balleh tina" (Ueber den Furchtsamen hat der Yakka Macht), während der Yakkoduro die bösen Einflüsse bezwingt (kraft seines Willens).

Wenn sich der Yakkoduro zur Bekämpfung der Yakka ausrüstet, schützt er seine eigene Person durch einen auf der Schulter getragenen Pfeil (Ihe), in den ein eiserner Nagel eingeschlagen ist (denn die Yakka fürchten das Eisen), und bei Austreiben der Yakka aus dem Kranken werden die verwandten Familienglieder vor ihm durch Räucherungen geschützt (und heilige Formeln).

Die Kur beginnt gewöhnlich mit Umbindung der Handgelenke mit gedrehten Fäden, über deren Verknotungen zauberkräftige Mantras ausgesprochen sind. Auch wird Oel in einem Gefäss mit Eisen umgerührt und daraus der Stirn ein Zeichen aufgedrückt (als Tika).

Die Anzeichen einer bevorstehenden Besitzergreifung durch den Yakka geben sich bei Krankheits-Candidaten kund durch Hang zur Isolirung (taminna).

Als Buddhagosa zur Commentirung der Palitexte nach Ceylon kam, wurde ihm von den dortigen Priestern (um seine Befähigung zu prüfen) zunächst eine Stanza übergeben, und daran anknüpfend, verfasste er das Visuddhi-Marga (als Gesammtabriss des von Buddha gelehrten System's).

Dem Kapurale (Ceylon's) entspricht (auf Bali) der Pamangku (mit den Orang Premade daneben), gleich dem Wongsoma (in seinem Tanemos) und der Wongtschä (orakelnd).

Die Reinigungsvorschriften, wie dem Flamen aufliegend — als

Sacerdos mit dem Vates zur Seite (der Hiereus mit dem Mantis) —, werden (in den Dewale) durch die Nagea (die domesticirten Cobra des Jungle) gewahrt, welche die Unreinen durch ihren Biss tödten [dem Kapurale dagegen sich geneigt (und gehorsam) erweisen]; wie der Kapurale beim Jahresfest durch Inspiration seines Gottes, tanzt der Yakkoduro in seinen Maskirungen der Yakka (beim Schachspiel schwarzer und weisser Magie).

* * *

Auf dem philosophischen Standpunkt des Buddhagama ist Buddha, seit Eingang in Nirvana, entschwunden, aber in dem populär enger umschriebenen Horizont des Gesichtskreises wirkt er fort als Gottheit, sodass seine unter den Dagoben begrabenen Reliquien erste Verehrung (vor der erneuerten Bildfigur, und dann des Boddhi-Baums) erhalten, und vornehmlich die sichtlich vorgewiesene Reliquie des Zahns (in Kandy).

Aus dem durch die reliquarischen Ueberreste hergestellten Rapport (im feindlichen Sinne bei den Körperabfällen verwendbar) fliesst der Eindruck grobsinnlichen Eingreifens einer persönlichen Gottheit, und derselbe wirkt sogar derartig, um auch für Beschwörungsformeln verwendbar zu sein, in denen sich Buddha (mit seiner Trias in den Kauf) gefallen muss, für niedrigste Dienstleistungen [wie die heilige Trinität (des Vaters, Sohnes und Sanctus Spiritus) bei Viehkrankheiten] herbeigerufen zu werden, um e. g. bei Feldarbeiten zu helfen.

Gegen das (vom Bischof in Lausanne exorcisirte) Gewürm (oder Getapanuwo) dient, zum Schutz des Reisfeldes die Anrufung (im „Kem") von „Buddha's supernatural power" („Paseh Buddha went to Ratel Rusija, who had nothing to offer as alms" etc.) und die Fliegen (Messa) werden vertrieben „by the power of Lord Buddha, who came to dispel the pestilence of the great city Wesala" etc. (s. Bell), in „the name of the Triad (On Trin) and Kataragama Deviyo" (Baranet).

Der Kapurale bringt seine Verehrung dem von altersher vererbten Abrenneh (einem silberne Gefässe, goldne Messer und sonstige Kostbarkeiten einschliessenden Kasten) und wird dann vom Gott begeistert zum Tanz, in Begleitung der Trommler oder Birrewalle (mit dem Muschelbläser oder Hagedih Pinginoh), bis in das mit Feuer gefüllte Loch springend, wobei die Natame minnesu (als Yakkoduro) ihre Maskentänze aufführen.

Der im Schlaf von dem Deyo berufene Knabe begiebt sich als Schüler zum Kapurale (um bei seinem Tode nachzufolgen).

Der Nagea (Naga) ist dem Kapurale attachirt und schützt den Tempel gegen den Eintritt von Schmutzige, obwohl sie vom Biss verschonend, wenn vom Kapurale dazu aufgefordert, der sie dann fortsendet, um erst gereinigt wiederzukommen.

Ehe die Pilger beim Jahresfest sich zu dem Dewale in Alutnura begeben, müssen sie in einem anliegenden Teiche sich gebadet und weiss bekleidet haben, unter Enthaltung von Fleischspeisen (besonders Schweinefleisches), denn dort hat Alles rein zu sein, Unreines darf nicht nahen. Wenn der von 6—9 Uhr p. m. (mit seinen Musikern) tanzende Kapurale sich einer Unreinigkeit (oder fleischlicher Nahrung) schuldig machen sollte, würde er todtgebissen werden von den im Tempel (in dessen Ecken) befindlichen Schlangen, den (der Cobra ähnlichen) Naier, die beim Begegnen von Menschen sich ihnen (begrüssend) entgegenbäumt (aber die Unreinen tödtet). Wenn ein Kranker an der Alutnura-deyo (oder Katragama's) im Dewale Alutnura's eine Kupfermünze (in Zeug gewickelt) darbringt, mit der Bitte um Genesung, schwenkt der Kapurale um seinen Kopf ein Seidentuch, baldige Besserung wünschend, und wenn diese erfolgt ist, kehrt der Kranke später zurück, um seine Bezahlung zu leisten.

Wenn ein Reicher abstirbt, begiebt er sich unter die Mala-Perittia, weil durch die Erinnerung an sein Geld nach der Wohnung zurückgezogen, wo die Reisgerichte von ihm beschmutzt werden, sodass ein Kapurale gerufen werden muss, der ihn, durch Eintreiben eines Nagels in einen Baum, dort festnagelt, oder ihn in ein Kästchen bannt, das dann in's Wasser geworfen wird.

Wenn ein Perittia-Yakka am und im Hause mit Steinen wirft, spricht (zum Forttreiben) der Ceylonese seinen (Schutz-)Spruch (Jti bisu bhagawato, arahatto sama Sambuddho lokawito).

Die Yakka-wehila genannten Frauen, die zeitweis (infolge absonderlicher Eindrücke) von Tollheit ergriffen werden (lasterhafte Worte redend und das Hausgeräth umherwerfend), werden nach einem Dewale gebracht, wo sie der Kapurale Nachts zu einem Baume führt, an welchem sie mit ihren denselben umfassenden Händen festgebunden werden, und dann ihre Rückentheile mit einem Stocke bearbeitet, bis der Yakka sich zur Ruhe begiebt, sodass sie am nächsten Morgen geheilt entlassen werden können.

Um ein Mädchen zu verführen, lässt der Liebhaber den Madana

Yakā („the devil of lust") zum Einfahren beschwören durch Huniyana oder Kodiwina (to ruin).

Die Bali-Ceremonien werden bei Dürre angestellt, doch könnte, je nach dem Horoscop, auch eine Krankheit (statt durch Yakka) durch planetarische Einflüsse verursacht sein (und demgemäss Berücksichtigung anrathen).

In dem Vihare (zu Ketta) waren vor dem Bilde Saman's Opfergaben mit Lichtern gestellt, von Solchen, die Kinder wünschten (wie es auch bei Kattrigama geschieht).

Neben dem Tempel (mit Figuren der 24 Buddha, während Gautama als 25st darin lag und neben ihm Maitreya stand) fand sich ein siebenfach labyrinthischer Zickzackgang, aufführend zu einer Kapelle, vor der die Figur Vesantara's stand, seine Kinder dem Brahmanen übergebend.

In dem mit dem Vihare Cotta's verbundenen Dewale stand vor dem Bilde Katragamo's (fünf- oder mehrköpfig und vielhändig), der Kapurale (mit verhülltem Haupt), seine Anrufungen sprechend, und hinter ihm kniete eine (für ihren kranken Sohn) betende Frau, die Hände zur Stirn erhoben. Nach dem Gebet folgte eine Unterhaltung, worin der Kapurale die Fragen der Hilfesuchenden beantwortete und sie anwies, zum bevorstehenden Jahresfest zurückzukommen (wobei der Kapurale tanzend in das innerhalb eines Loches brennende Feuer springt).

Dem Kapurale (unter Einhaltung seiner Reinigungsceremonien) naht der Gott im Traum — wodurch er sich durchzuckt, ergriffen fühlt, wie der ein wildes Ross zügelnde Reiter (nach der Beschreibung des Dolmetschers) — und die ihm mitgetheilten Ermahnungen werden dann im (maniakalischen) Festestanz der Menge gepredigt. Das Dewale ist eine Filiale des Maha-Katragama (bei Trincomalie), und von dort sind die Heiligthümer, die im Oberstockwerk aufbewahrt werden (als Abrennah), gebracht, zu denen das goldene Messer gehört, mit dem (beim Fest) das Wasser zerschnitten wird (zur Aufbewahrung im Tempel). Die dabei gesprochenen Mantras können nur seinem Schüler (der neben ihm hockte) mitgetheilt werden (als designirter Nachfolger).

Auf der einen Seite des Dewale (im Vihare zu Cotta) stand der (aufgemauerte) Bodhi-Baum (mit Lichtständern), auf der andern ein dünnstämmiger Baum, der von den (daran festgebundenen) Händen der Besessenen umfasst wird, die abgeprügelt werden, bis der (unreine) Yakka sie verlässt (an diesem rein heiligen Orte).

Für die Nagea werden in die Ecken des Tempels Eier (oder Milch) gestellt, um davon zu trinken (was indess von Niemand gesehen wird).

Im (tamilischen) Dewala zu Wellawatta wurde Swami verehrt, zwischen Pulyar (mit Elephantenrüssel), als Ganapati (oder Ganan), und Subramainiju (Söhne Isbaran's und Paradevi's), nach dem Buche Arunasserapranam.

Nach einem Fastmonat unter Enthaltung von Fleischspeisen (die Diät auf Milch und Bananen beschränkt) wird der Kapurale (für das Jahresfest) im Schlaf begeistert (und conversirt mit dem Gott über die von den Verehrern vorgetragenen Wünsche). Die grossen Reisschüsseln (zum Speisen der Armen) lagen unter Schuppen aufgestapelt. Ueber dem Eingangsthor fand ich Siva und Paravati auf einem Stier, Ganesa auf einer Ratte und Kartikaya auf einem Pfau (in bemalter Sculptur).

Vor Häusern in Bambapapitya waren Wassergefässe mit Schöpfer gestellt, zur Benutzung durch die Vorübergehenden. Der Besitzer eines Kokosnussgartens hatte ein Rasthaus für Nachtverbleib gebaut, neben seiner Wohnung, von der aus die dasselbe Benutzenden mit Reis versehen werden (gratis geliefert). Ein Kapurale stand auf der Strasse, neben ihm ein Holztopf für die Kupfermünzen in einer Tragsänfte (mit einer Schale von zinnernen Votivfiguren davor), das umgehangene Seidentuch schwenkend und zum Vertrauen auf Katragama (für Genesung) ermahnend; und die Heilungsuchenden hörten in betender Stellung diesen Worten zu (zwischen denen das Muschelhorn geblasen wurde).

Die von Buddha aus Ceylon nach dem Yakka-giri verwiesenen Yakka verweilen in Wisala Maha Newera (obwohl bei der Pest aus Vesala durch Buddha verscheucht) und in Santa pada Newera (s. De Silva), und von dort fällt ihr Schatten auf diejenigen Personen in Ceylon, die von ihnen (als Bewohner Yugandere's) ergriffen werden, wie von den Dewatawo (der Devaloka am Meru). Ausserdem finden sich in Wildnissen oder auf Begräbnissplätzen diejenigen Yakka, welche durch Errichtung eines Yakka-Murdach gesühnt werden (als locale Einsitzer des Bodens). Die Malla-Yakseyu (spirits of deceased man) „come into existence by Oapapaka birth", wenn in der Todesstunde mit Hassgefühlen abgeschieden (um Rache zu nehmen).

The chief of all Ceylon demons is Wahala Bandara Diwiyo (Wahala Dewiyo) in Gala-cappa-Dewale (zu Alutnuwera). Die beim Aufstand Wassavartti's (oder Mara's) Buddha huldigenden Dämone werden durch die Autorität Wibisena's oder Wessamonny's beschworen, auf dem (durch Buddha) unter Sakra's Schutz gestellten Ceylon, mit Einsetzung Sumana's oder Saman's auf Adam's Pik, zur Hütung der Insel, zusammen mit Kattragama, Pattineh, Kuvera (oder Nesvekama), die wieder mit den Lokapala identificirt werden (oder Maha-Chatu-Raja). Um mit Krankheit zu schlagen, bedürfen die Yakkeyo der Wurrun genannten Erlaubniss vom „King Wessamonny", der sie nur in denjenigen Fällen geben wird, wo solche Strafe gerechter Weise angezeigt ist.

Der von ihnen Ergriffene — ausserdem vielleicht durch die schreckende Erscheinung Dristia („sight or look") Verstörte — fällt in den Zustand Tanicama, wenn er ungesellig die Einsamkeit sucht (und dann die Anzeichen des Siechthums herankommen spürt). Die Heilung geschieht durch Bandena („binding or a bond") oder Dehena (unter Anlegung von Fäden), und wird in schweren Fällen der Kapurale des nächsten Dewale angegangen oder eine Pilgerfahrt unternommen (nach dem berühmten Alutnara etc.).

Durch den (körperlich und) seelisch unreinen Zustand Lasterhafter werden die — durch Stank (wie Dewa durch Blumenduft) erfreuten — Dämone angezogen, und bleiben solchen Personen attachirt, die deshalb nicht den (heilig) reinen Bezirk des Dewale betreten können, ehe nicht durch die Hiebe des Kapurale in ihrer Gesinnung corrigirt (worauf die Yakka sie verlassen).

Auch bei göttlicher Inspiration handelt es sich nicht um ein persönliches Einfahren, sondern um die (indische) Suchara oder Anwehung (des Wareu), während, wo die Teufel leibhaftig aus dem Leib der Besessenen exorcisirt werden, sie schon beim Gähnen (in Klosterzellen) einfahren mögen, oder durch Essen von Nüssen (in Nonnen).

„Every Saturday and Wednesday all the respectable Demons attend a sort of pandemonium, called Yaksa Sabuwa" (s. de Silva), um (unter ihren Oberhäuptern) über die Angelegenheiten Ceylons zu berathen, wie (auf Bali) die Dewa, unter Batara Guru's Vorsitz, sich auf dem Gunung agoeng versammeln (zum Befragen der Rechtsbücher).

Durch die Jeewang-Beschwörung kann ein Yakka bezwungen werden, und zu steter Begleitung (als Spiritus familiaris) verbunden, gegen Feinde (zu deren Schädigung) ausgesandt werden, aber ein solch dämonischer Diener bleibt dem Herrn, dem er gehorchen muss, stets feindlich gesinnt, und die kleinste Vernachlässigung der zu eigenem Schutze so erforderlichen Ceremonien wird von ihm benutzt, um seinen Tyrannen zu tödten (und in Freiheit zurückzukehren).

Zum Schutz, als Weltenhüter (gleich den Lokapala) sind, neben Samman dewaje auf Buddha hama druane Kakule (Adam's Pik), Wisvekarmanje am Himahlevanni, Kandi-Kumara (in Kahegan) auf Maha-Meru Parkvette und Wiebesanadewaya in Kalang (bei Colombo) eingesetzt (mit weiteren Localisirungen für die Insel).

Bei Krankheiten wird eine in Zeug gewickelte Kupfermünze am Hause festgebunden, und dann nach dem Dewale gebracht, mit Milch, um den Bodhi-Baum zu begiessen und Reis, zur Austheilung an Arme.

Der Kapurale des Dorfes umbindet den Arm und Hals des Kranken mit Fäden, die dann von den Kapurale (in Dewale) gelöst werden (für die Genesung), indem er ihm „Oannipa wewi" (werde besser) zuruft, unter Wehen mit dem geweihten Seidentuch (Pattah Saleh Abrenneh).

Die Viteh-Gareh oder Naialoneh ziehen mit Cobra umher, die sie tanzen lassen (auf Ceylon).

Neben den Yakka (und Dewatawas) finden sich die Balli-caama (für Bali-Opfer) als Balli-caama (für lebende Opfer), Ratti-caama (musicirend und tanzend), Hanta-caama (todbringend). Die Dämone (Ceylons) stammen von Wisala Maha Newera (Ajayin) und Sanka paala Newera (s. de Silva). Der Kapurale wählt sich seinen Schüler, wie in der Begeisterung angezeigt.

Die Berawayos („Tomtom bearers") fungiren als Balli-caareya oder Balleadura (im Grahaismus). Die dämonischen Ceremonien werden durch Pradego horin ausgeführt (auf Ceylon). Every Saturday und Wednesday, all the respectable demons attend a sort of pandemonium called Yaksa Sabawa (s. de Silva), auf dem Blocksberg (rein gefegt; für die Dewas). The chief af all Ceylon demons is Wahala Bandara dewiyo (Wahala dewiyo) in Gala-cappa-dewale (zu Alutnuwera).

Die Dämone (unter Warssrewsenne) bekämpfen Wepetziette asuradeva (Sekkraias Feind). Die Yakseyo bringen Krankheit durch die Wussun permission, which they have obtained from „King Wessamonny" (oder andere Dewa). Die Dämone senden die schreckende Erscheinung der Dristia (sight or look). Der vom Dämon Ergriffene ist Tanicama (lonelesness, being alone), wenn Krankheit folgt. Die von Brahma gelehrten Mantras (mit Ohng Hreeng beginnend und mit Swaha endend) wurden durch die Joshis erweitert. Krankheit wird durch Hooniyan-Beschwörungen verursacht, Tod durch Pilli, Schädigungen durch Angam.

Für die Ceremonie Jeewama („the endowing with life") verfertigt der Kattadiga auf einem Grabe (der Yamas) das Gestell Mal Bulat tatuwa (für den jungfräulichen Faden). Zu den schädigenden Beschwörungen gehören Hooniyan, Angam, Pilli, zu den schützenden Bandara, Dehena. Beim Hooniyan wird die zu schädigende Person gezeichnet (mit ihr Haare, Nägel u. s. w.). Die Angam-Beschwörungen werden vergraben, um die feindliche Person vorübergehen zu lassen.

Though a demon revels in blood and human carcasses, yet he possesses certain ideas of cleanliness and decency (auf Ceylon) „and therefore he is unwilling to affect with his influence an Englishman, who does not cleanse his body with water after the discharge of the boodily functions" (s. de Silva). In Pitti erscheint der Dämon persönlich (als Jüngling, Mädchen, Schlange, Käfer, Hund u. s. w.) augenblicklichen Tod verursachend (auf Ceylon).

Der Annevy (a native officer of the Roman Catholic Church) beschwört die Besessenen durch die Jungfrau und Heiligen (den Talisman Rattu Manderam anbindend). May my navel be under the protection of the twelve Apostles, may my private parts be under the protection of the 11000 virgins, die Nägel unter den Heiligen u. s. w., heisst es in der Beschwörung Rattu Manderam (auf Ceylon).

Neben den Kapular (und Cattadijas) fungiren Frauen als Pattiny deoyo oder Pattiny Hamias (auf Ceylon).

Durch die Jeewang-Beschwörung wird ein Dämon zu steter Begleitung verbunden (um Feinde krank zu machen), aber beständig auf Vernichtung des Eigenthümers bedacht, wenn dieser seinen Schutz vernachlässigt. Durch Bandena (binding or a bond) oder Dehena werden Krankheiten geheilt. Beim Argumentiren gegen die Beschwörungen antwortete der Ceylonese mit: „an appeal to his own experience of what he had seen with his own eyes" (s. de Silva). Bei den zur Tollheit (durch dämonische Besessenheit) geneigten Frauen, dient die Ceremonie Pralaya Kireema (den Gehorsam an Wissamonay erzwingend).

Every near relative becomes a spirit after death, who watches over the welfare of those who are left behind; als nehiya yakun (kindred spirits), Vorfahren und Kinder (bei den Veddah), besonders wenn „the shades of their departed children (bilindu yakun or „infant spirits") angerufen (s. de Zoya). Neben den „shades of their grandmother" wird Gat-yaka (spirit of the rock), Vedi-yaka (spirit of the chase) verehrt (sowie Mahayakinni).

Die Maha Yakseyo (spirits of deceased men (come into existence by „Opapatika-birth" (wenn Hass verbleibt).

Das beim Perahera Manyalyaya mit Silberschwert ausgeschnittene Wasser wird im Dewala bis zum nächsten Jahr verwahrt (s. Le Mesurier).

Als die Daityas durch Opfer und Reinigungen die von Indra zugesagte Weltherrschaft anstrebten, verkörperte sich (auf Anlass der Devas) Buddha als der Sannyasi Buddha, die Vermeidung des Erschlagens (der Opferthiere), sowie der (kleine Thiere tödtenden) Reinigungen lehrend, und so die Daitias ablenkend (in Maya). Rishaba (der Jainas) büsste im Schmutz erstarrend, und so, am Baum anklebend, mit diesem verbrannt (beim Waldbrand).

Für die durch Lausen Insecten Tödtenden ist eine besondere Hölle vorgesehen, in den Naraka-Bildern (Ceylons).

Auf Wasawarti Mara's Geheiss wurde der „Mara-son" (aus Paranermita-wasawarti) conceived in the womb of a female of the Carpenters caste in the city of Segal, um Milinda's (Wiedergeburt Nagasena's) gute Werke zu stören (s. Alwis).

Vishnu (auf Ceylon) was the only devo, „who was not dejected when Mara waged his fight against Buddha" (s. Alwis), Isa's Agama folgend (auf Java).

Every city (in Indien) „has its own Sri, its own fortune or prosperity" (s Wilson) als Tyche (Byzanz's).

Als Yakrada (Dinindu oder Danada) oder Summanas (the chief of all the Yakhos) weilt Kuvera oder Vesamuni in der Stadt Visana (s. Alwis), als Sohn Visa's (auf Ceylon).

In der Stanza

    Danam silanca bhar veene
    Patti puttumumadana
    Veyyavacca-apacayaryca
    Desana sutti ditthi-ju

charity, pity, meditation, the giving merit, sharing in the merit of another, helping the helpless, showing respect, preaching, listening, rejection of heresy are enumerated the ten modes (dasa kusala Karma) in which „punnja ham mam" or „pinkama" (a meritorious act) may be performed (s. Dickson). Nur wenn der Verstorbene unter den Paradattupiko (who derive benefit from offerings made in their behalf) wiedergeboren ist (als Paradattupikapeto) kann er „be benefited by the Mataka-danam" (s. Dickson), in welcher Ceremonie das beim Begraben über den Todten gebreitete Gewand dem Priester gegeben wird (auf Ceylon). Das (katholische) Messclesen kommt den Seelen zu Gute (im Fegefeuer).

Das genagelte „Hurriyam-image" fand sich in einem Baum (s. Nell). Nach dem in den Kriegen Rama's und Ravana's verwüsteten Ceylon wanderten die Yakkhos ein (nach dem Rajavalo).

Aus Yakgirideweno (der Inselfels der Yakka) fällt der dämonische Schatten in die Menschenwelt (auf den Besessenen). In Wäldern und Begräbnissen schweifen, spuken die Sanneh, deren mit dem Schreck Krankheit einjagenden Butzmachereien zu widerstehen ist (durch den Willen). Baiyu name yakkoteh balleh tina (Ueber den Furchtsamen hat der Yakka Macht), heisst es im Sprichwort (auf Ceylon), wogegen auch: „der Yakkodura bezwingt durch seine Kraft" (die Hexen, als Hexen-Meister oder Zauberer).

Als die über den verwundeten Gatten klagende Kinnara den Welthütern den versäumten Schutz vorhält (in der Tschandakinnaradschataka), wird Sakka's Sitz warm (s. Grünwedel), sodass er zur Heilung herbeikommt (als Brahmane).

Ixora (Ishwara) zeugte zur Bekämpfung des Raxasa Darida (von Brahma mit heiligem Buch versehen) die monströse Tochter Petragali, die (nach Begegnung) in der Aufregung durch die Pockengottheit Basuri versöhnt wurde (s. Baldaeus).

Beim Balee (der Planeten) fungiren Maha-dasawe, Kale-tjakse, Allootre und Tjandere-asteke. Im Nawaggraha Mangelle sind die neun Planeten begriffen (mit der Sonne im Centrum). Ist der Planet der Geburt unbekannt, dient Caroemadie Patie Mangale (zur Aushülfe). Beim Bal-lee-ah singen die Berewaya und Olia (auf Ceylon).

Die Blätter des Pipul (Ficus religiosa) zittern aus Freude über Gautama's Vollendung unter dem Bo-Baum (Maha Jaga Gri Bidingahawahause), wogegen die der Espe (aus deren Stamm das Kreuz gefertigt war) wegen des Schreckens beim Tod (am Kreuz).

In der (im Himalaya leeren) Sänfte (der Dewale) wird der heilige

Pfeil des Gottes getragen (auf Ceylon), wie (Moses' und Aaron's) Reliquien in der Arche (Huitzilopochli's).

„The use of a very peculiar pators, adopted by the villagers only during the most important periods of the paddy cultivation, while sowing, weeding, reaping and threshing" (s. Cumming) dient „to deceive the malignaut spirits" (auf Ceylon).

Der dem Schutzgott des Feldes geweihten Aehrengarbe wird ein beschriebenes Palmblatt zugefügt (vom Kattadiya). Die Dagoba von Kalawewa enthält den Kinnbacken Buddha's, die von Bintenne eine Rippe*), die Thuparama Dagoba (König Dewananpia-tissa) den rechten Schulterknochen (auf Ceylon).

In chinesischen Tempeln werden die Marterungen der buddhistischen Höllen „exemplified by groups of dolls supposed to be human culprits undergoing every form of torture which the ingenuity of devils could devise" (s. Cumming), wie in den Prenger (des seum's in Batavia). Als bei der Fluth (unter Kaiser Yaou) alle Kenntniss des Ackerbaus, der Künste und Wissenschaften verloren gegangen, incarnirte Gott Paaktu, sie zurückzubringen (in China).

Neben der in der Ahnentafel verehrten Seele und der im Grab neben der Leiche verbleibenden, wird zur Sühnung der dem Richterspruche des Höllengottes untergehenden der Tempel Chang-Herang's besucht (in China), während die im Amt Verstorbenen, weil im Jenseits gleichen Rang bekleidend, von solcher Prüfung excimirt sind (nicht aus dem Privileg mysteriös geweihter Teletai, sondern der mit dem Staatswohl Beauftragten).

Wenn des Fung-sha's wegen die Bestattung hinausgeschoben werden muss, wird für den Sarg ein Haus in der „City of the Dead" gemiethet (in China).

---

*) Bei der Schlacht von Bannockburn liess König Robert Bruce den Arm St. Fillan's mittragen (durch den Abt von Inchaffray). Die ganze Erde war mit Splittern des heiligen Kreuzes gefüllt, vervielfältigt, wie (durch Wunder) die Fische und Bröte (nach St. Cyrill); bei Weihe einer neuen Kirche ist eine Reliquie unter den Altar niederzulegen, und die solche entbehrenden wurden zerstört (unter Constantin). Der Graf v. Poitou brachte den heiligen Gürtel (Maria's) nach Puy de Dôme (zur Pilgerfahrt). Das heilige Wasser zu Salette entsprang den Thränen der Jungfrau (zum Verkauf). Der heilige Rock von Trier war der am Tage der Kreuzigung getragene, der in Argenteuil bei früherer Gelegenheit (nach päpstlicher Entscheidung). Die heiligen Hosen St. Joseph's (in Maria-Zell) dürfen von Frauen nicht gesehen werden (von Kaiserin Helene aufgefunden). Der heilige Rock von Trier wurde aus einer mit Leder ausgeschlagenen Kiste enthüllt, der Zahn Buddha's (in Kandy) aus dreifachem Schrein (von Gold, Silber und Edelstein).

Für das auf der priesterlichen Himmelsbank eingezahlte „Din", das in der (als Boot gestalteten) Sparkasse verbrannt wird, werden Quittungen ausgestellt, die von einem Verwandten des Eigenthümers nach seinem Tode verbrannt werden müssen, damit derselbe dann den eingezahlten Betrag auf sich ziehen kann (in China).

Bei dem Reisfest (wenn zuerst Reiskörner in den Mund gelegt werden) wird der vom Astrologen gegebene Name durch den Vater in das Ohr des Kindes geflüstert (auf Ceylon); like the Chinese „infantile name" this „rice name" is never used, lest sorcerers should hear it and be able to work malignant spells" (s. Cumming).

Die arrakka genannte Beschwörung (to keep of putams or devils from carrying away the fruits of the labour) wird unter der Dreschflur begraben (auf Ceylon).

Beim Jahresfest wird das Feuer der ewigen Lampe (in einem Käfig durch herabtröpfelndes Oel unterhalten) ausgelöscht, um durch Steinschlagen erneuert zu werden (in den Klöstern Ceylons).

At Chilaw, on Palm Sunday, processions of large images of our Lord riding thess, and of the twelve Apostles are paraded on schools, just as the Hindoos parade their gods. At Jaffna the processions might well be mistaken for that of Juggernaut's cars and no heathen idol could be more repulsive, than are the images of many of the Christian saints, as here displayed (s. Cumming).

Im Tempel Badulla's werden „live serpents gliding about a large" verehrt (1850). Im „snake-temple" (Nainativoe's) „live cobras were devoutly tended by reverent priests and priestesses" (s. Cumming).

Die Cobra (auf Ceylon) has a specified passion for milk (s. Nevill), wie die Hausschlangen (Litthauens). The neck is extensible, forming a hood, when spread out, bei Naya tripudans (in vielen Variationen).

In den Nagea (Naga) der Dewale gehen die Götter um (Katragama, Vishnu u. s. w.), Alles beobachtend (und Missethäter strafend).

Von den durch das wasserschöpfende Mädchen getränkten Schlangen enthielt sich die Cobra, als Nallu pambu („the good snake"), des Bisses, während die giftige Polanga tödtete (auf Ceylon). Im Pompeji finden sich abwehrende Schlangen an den Wänden und wird das verborgene Gewölbe (im Isistempel) gezeigt, wo unter der Statue der Göttin der Priester stand, um diese sprechen zu lassen vor den Ohren des Volkes, wie in antillenischen Tempeln Sprachrohre entdeckt wurden (zur Entdeckungszeit).

Während die (aus Rachegefühlen) in Revenants gefürchteten

Todten durch zickzackiges Austragen der Leiche (auf Umwegen) über den Rückweg getäuscht werden, leben die Wildstämme mit den in der Hütte Begrabenen zusammen, und so die Chinesen, die, wenn entferntes Begräbniss aus sanitären Rücksichten sich empfiehlt, den zur Ahnen-Capelle gehörigen Seelentheil auf geweihter Fahne nach der Wohnung zurückbringen.

Die Oromatua umgeben traulich (auf Tahiti), wie die Nitu (auf alfurischen Inseln), und so die Nehiya yakun (Kindred spirits), als Vorfahren und Kinder (bei den Veddah); besonders worden „the shadows of their departed children" (bilindu yakun) angerufen (s. de Zaya), orakelnd (bei den Karo). It is considered advisable to protect the paddy plant by the performance of a separate Kema or charm, as it attains each of its nine nodes (geta, puruha) or rises each internode (petta), durch den Kattadirala (auf Ceylon), beim Feldbau (nach den Bestimmungen des Neketrala eröffnet). Bei der Ernte wird eine Handvoll Aehren reservirt für Kataragama Deviyo (s. Bell), wie für Devi Sri (auf Java). Nodosus schützte die Knoten der sprossenden Pflanze (bei den Römern).

Wenn man den Padi schneiden will, stellt man die Tage zuvor die Vorbereitungen fertig von Minjang mangi, Kembang, Pisang, Teboe, Roedjak klapa, Telor, Nasi koening, Daon, Aren moeda, Kaja, taea (Weihrauch, Blumen, Bananen, Zuckerrohr, Cocosnuss, Currie, Eier, gelber Reis, Blätter, Arengzucker, Hölzer), und spricht dabei: „Wir bringen dar zum Anbieten, an Baboe Hava, Bapa Adam" (Mutter Eva und Vater Adam). An dem Tage, wo das Abschneiden beginnt, spricht man: „Wir lassen es wissen an Mutter Pertiwi" (Erde), und um Verzeihung bittend, erflehen wir die Erlaubniss, nach Hause zurückzukehren" (zu Prithiwi gehört Hata allah).

Kaloe maoe motong padi antara hari pakeh: Minjak wangi, Kembang, Pisang, Tebar, Roedjak klapa, Telor, Nasi koening, Daon, Aren moeda, Kujoe toea, dari dia balja djampenja:

Kita kirim tetepari kita Baboe Hava, Bapa Adam.

Harian di potrong padirija batja lagi djampenja.

Kita kasi taoe sama Iboe Pertiwi maoe di ambil kikirunan isoen isoekan arep di djuloch moeli.

Im Kem gegen Getapanuwo (Gewürm) wird das Reisfeld (durch „Buddha's supernatural power") geschützt (Paseh Buddha went to Ratel Rascya, who had nothing to offer as alms etc). Messa (Fliegen) werden verscheucht „by the power of Lord Buddha, who came to dispel the pestilence of the great city" Wesala etc. (s. Bell), in the name of the Triad (On Tren) and Kataragama deviyo (Baranet).

Im Non-zhin-zhon (the rite of the vision), the Omaha sees some object (s. Fletcher), his particular medium of help from the supernatural (carried with him). In due time, when a native is old, and he has proved himself a „Myell-Wallias", his tribe and the neighbouring tribes agree, that his tooth and a lock of his hair should be sent abroad to make him famous (s. Brothers) „men of no harm" (in Verehrung Myell's). They do not love him, but he loves them (s. Brothers), die Myell (in Australien).

The hypothetical social organism, of which we individuals are supposed to be elements, it if exist, must be an organism resembling the lower forms of individual organic life (s. Marshall; zoophytisch (oder phytologisch).

Gütiger Mittheilung des Mudilyar Gunesacra ist folgende Zusammenfassung zu danken:

1. Pattini-dévi (dévi = goddess) is a goddness worshipped by the Buddhists and Hindus of Ceylon. Her worship is very common in Southern-India. She is supposed to confer peace and prosperity on her votaries. Pattini is a tamil word which litterally means a chaste woman or wife. The worship of this Goddess was introduced to Ceylon in the time of King Gajabá who reigned from III, to 133 A. P. according to a tamil book entitled „Chilappadikáram" When a full account of this Goddess is given, it is stated that a festival celebrated in India in honour of her, Gojabá, being invited by the Pandigan King, was present and that on his return to Ceylon be introduced the worship of the Goddess. This is confirmed by the fese that according to Cayloneses, historical works King Gajabá visited India to being brack certain (Simbolen) men who had been carried away then as prisoners and on his return with the men he brought to his island a godd bracelet of the goddess Pattini, some arms or weapons of free gods and the almsbowe of Buddha, which had been carried away from him ad the time of King Volagambá, 103 B. C. Originally Pattini was an ordinary woman named Kannakai. She is supposed to have been born a goddes. Her attachment, devotion and chastity to her husband who was put to death upon an order of the Pandrigan King through some misapprehension received the gods of heaven and she was transported there. Ever since her worship has been continued

A priest of this goddess is called Pattinige, plural Pattiniyo or Pattiniwaru, also singular Pattinihami, plural Pattinihámillá.

2. Kapuvá*) (plural Kapuvó), a priest of the god Kataragama or Kaitikeya of India, the god of war. His worship is also extensive in Ceylon, and pervails among both the Buddhists and the Hindus. He is invoked in connection with various matters. In performances or festivals in honour of Pattini and Kataragama, Pattiniyos and Kapnoes act together and are friendly.

3. Kattadi is a term used for demon priests or devil-demons. The origin of the word appears to be from Tamil. Yakadurá which litterally means a priest who propitiates the devils is a more common term for a demon priest. They know chains and a lot of Elu or Sinbabu Stanzas (like priests of gods) which they repeat in ther performance, which are finally done in the night. This like the worship of gods has been introduced to Ceylon from India and does not form any part of the Buddhist faith. In Buddhism for all wordley evils from devils etc. the recitation of Paritta or pirit is recommended.

The worship of Kataragama and devil worship appears to have been know in Ceylon in very remote antiquity, before even the introduction of the worship of Pattini.

Bei ethnologischen Studien kommt es zunächst auf monographisch erschöpfende Behandlung der thatsächlich vorliegenden Einzelfälle an, durch deren factische Aussagen zusammenfassende Theorien aufgedrängt sein mögen, und wenn sich solche, übersichtlicher Vereinfachung wegen, empfehlen sollten, hätten sie in Vorbedingung auf die psychologisch elementar deutlichere Wurzel zurückzugehen.

Eine auf ähnlich täuschende Maskereien aus indischer Mythologie begründete Hypothese über „Tree and Serpent worship", wird bei Unzulänglichkeit kritisch sicher gesichteten Materials an allzu viel Denkfehler leiden, um sich als richtige erweisen zu können, während in Baum und Schlange (auf phytologischen und zoologischen Vorstellungsbereich) primäre Auffassungen eingeschlossen liegen, die sich durch ein „survival of the fittest" ihre Anerkennung zu erzwingen haben (aus des Stärkeren Recht).

---

*) Also Kapurála, plural Kapurállá.

Der mit allen Naturdingen dämonisch eingeleitete Rapport (der Seele mit ihren nach Aussen reflectirten Projektionen) wird auf dem Gebiete des Pflanzenreichs vornehmlich den Bäumen (als ausdrucksvollsten Repräsentanten desselben) sich zuwenden, und wo unter derartig als heilig verklärten Bäumen auch der Banyan hervorwächst, wird er (wie anderswo Eiche, Linde, Tamarinde u. s. w.) seine Rivalen aus dem Felde schlagen, und nicht nur durch Dryaden oder sonstige Baumgottheiten beseelt und durchgeistet sein, sondern als den Sitz des geistig die Götter Ueberragenden überwölbend geehrt werden.

Unter den mysteriös vorüberwandernden Wildthieren, die erscheinen bald hier, bald da — man weiss nicht woher noch wohin — trifft am eindruckvollsten, die auf dunklem Erdboden hinschleichende Schlange, zumal bei der gleichzeitig aus dem Giftzahn drohenden Gefahr, und so erweist sie sich als (weil gefürchtet) geeignetster Hüter, um über den unter dem Bodhi-Baum Thronendem ihre Haube zu wölben und den Devale einwohnend, diese (sowie zugehörige Vihare) gegen den Eintritt Unreiner zu schützen, was mit Milchfütterung (bei Begiessung der Baumwurzeln mit Milch) belohnt werden mag, wie die Vertraulichkeit der (ungefährlichen) Hausschlange (in Litthauen).

Die mythologischen Auffassungen variiren nach localer Scenerie der geographischen Provinz und sind dafür die Differencirungen bedeutsam unter gleichartig wiederkehrenden Phasen der Entwicklung. Der Baum, wenn angeschlagen, blutet bei Hellenen und Maori, er schreit, wenn seine Wurzeln vom Mississippi fortgerissen werden (als Körperhülle einwohnender Beseelung). Der Cult der Schlange wird zu mystischen Popanzen aufgebauscht, deren Mysterien in läppische Nichtigkeit entschwinden, vor dem erhellenden Licht des Wissens.

Die Nationalität begründet sich auf Spracheinheit beim Selbstgefühl einer in gleichartiger Stimmung wurzelnder Rasse reinsten Blutes.

Auf gesellschaftlicher Schichtung knüpft sich die zoopolitische Persönlichkeit in Deutlichkeit gegenseitigen Verständnisses dem (feindlich) Fremden gegenüber, als „Stummen" (und Amaut).

Wenn in benachbarlich nicht freundlicher Berührung (ohne in amphyctionischen Zusammenschluss) ändern und verstärken Dörfer der Wildstämme die ihr Idiom markirenden Eigenthümlichkeiten, und aus dem Schiboleth fränkischer oder (schwäbisch-) allemannischer

Dialecte mochte die Erbostheit partheiischer Raufereien oftmals noch vitaler sich spüren, als bei dem durch den Bannerruf der Ghibellinen und Guelfen Geschiedenen (mit Bundesgenossenschaften aus geographisch abgetrennten Ländern).

Die im Primärzustand instinctive Stammeseinheit, die (zu eigener Nothwehr) die (auswärts gefürchteten) Köpfeschneller zu friedlicher Einigung (in ihren Burgfesten) zusammendrängt, hat in dem unter geschichtlichen Stürmen grossgezogenen Europa zu dem (aus Noth erzwungenem) Vollbewusstsein geführt, mit dem gegenwärtig die romanischen, germanischen, slavischen Rassen nebeneinanderstehen. Im chinesischen Mittelreiche redet jede der (mittelst mandarinischer Schriftsprache miteinander communicirenden) Provinzen ihr eigenes Patois und in localer Beschränkung mangelt die Bewusstheit sinologisch nationaler Zusammengehörigkeit, wie sie erst auf dem Standpunkt internationaler Umschau sich ergeben würde, wenn die den asiatischen Continent bewohnenden Rassencomplexe ihren allgemeinen Umrissen nach darin abgezeichnet stehen.

Die aus telescopischer Speculirung den Globus überschwankenden Rassen sind beim näheren Herantreten vor der Greifbarkeit in hohle Phantome zerfallen, aber um so mächtiger steht mit ihren jedesmal nationalen Wurzeln diejenige Rasse eingeschlagen, welche in historischer Bewegung gross gewiegt, zu ihrer Vollkraft erwachsen ist. Ausschlaggebend hierfür ist das linguistisch einigende Band, da die anthropologisch darunter resorbirten Elemente desto unsicherer sich zu verflüchtigen hätten, je weiter sie genealogisch hinausverfolgt werden würden (in realen Sonderfällen).

Die so in Spracheinheit — „soweit die deutsche Zunge klingt" (oder eine andere) — vollgefühlte Nationalität bedarf, als zoopolitisches Individuum, ihrer staatlich aufgebauten Ummauerung, und so ein socialpolitisch gleichartiges Niveau. Religiös mag jeder seelig werden nach seiner Façon, um privates Thun und Treiben hat keiner sich zu kümmern, aber in seinem öffentlichen Auftreten muss ein Jeder den vom Staat aus geschichtlichen Traditionen adoptirten Formen sich einfügen. Kein Staat im Staat, kein separat reclamirtes Ceremonial in Festtagen und absonderlichen Gebräuchen, wodurch die in aufgedrängten Unterscheidungen wundgeriebenen Antipathien stets sich erneuern, während sie beim Absehen von (weil anachronistisch) gleichgültigen Aeusserlichkeiten rasch und leicht verschwunden sein würden (behinderungslos zum Ausgleich gebracht).

Die Reinheit einer Rasse steht dadurch eben erwiesen, dass all' die verschiedenartigen Componente, die darin eingegangen sind, durch rationelle Ineinanderstimmung ihrer Verhältnisswerthe zur Veredlung ausgeschlagen sind (im Fazit des Total-Effects). Ein jedes nicht in Absorption gezogenes (und dagegen sträubendes) Element wird deshalb als störendes empfunden (mit schadenbringenden Nachwirkungen).

Die Assimilation wird um so congenialer sich vollziehen, je mehr die localen Stammesschläge, welche (durch friedlichen oder feindlichen Verkehr) in Mischungen eingetreten sind, einer Zusammengehörigkeit in Nachbarschaft geographischer Provinz gleichähnliche Eigenschaften entlehnen, und so haben die ethnischen Modificationen in Europa's continentalen und (neben insularen) peninsularen Arealen zu desto vollendeteren Resultaten geführt, je inniger sie kraft geschichtlicher Bewegung in Berührung und (proportionell zusagende) Durcheinandermengung gebracht worden sind. Was aus levantinischen Elementen hinzugekommen ist, setzt stärkeren Widerstand entgegen, indess einen keineswegs (im richtig geleiteten Gange der Dinge) unüberwindbaren, weil obwohl ferner stehend, doch nicht derartig befremdlich, wie etwa Repräsentanten mongolischer oder nigritischer Herkunft sich fühlbar zu machen hatten, unter europäischen Ansiedlern auf transatlantischem Boden (der auf indianisch autochthonen Unterlagen ruht).

Ein Jeder, der dem gesellschaftlichen Organismus hinzuwächst, hat der aus vorangegangenen Ursächlichkeiten ihm angewiesenen Stellung sich einzufügen für die Selbstständigkeit seiner Mitwirkung, die von ihm selber abhängt. Jeglichem seiner Mitglieder eine ausreichend zusagende Existenz vorzusehen, liegt allzu offenkundig im Interesse des Staates, als dass davon abgesehen werden könnte, aber mit den Complicationen der Civilisation mehren die Schwierigkeiten, um in jedem Einzelfalle der localen Modificationen stets die richtige Entscheidung zu treffen, in derartiger Accumulation, dass socialistische Theorien werthlos (oder verwirrend) bleiben, solange nicht auf einem gründlichen Studium der thatsächlichen Aussagen gestützt, wie sie aus ethnischer Umschau des Globus sich ergeben haben, um unter Erschöpfung sämmtlicher Möglichkeiten, die leitend hindurchgehenden Grundzüge zu zeichnen, und niederzulegen (zum Anhalt gesicherter Folgerungen). Am gefährlichsten werden die Fundamente des Staatsgebäudes erschüttert, wenn man ihren irdisch an- (und ab-)

gemessenen Constructionen eine himmlische „Civitas dei" zwischen zu bauen unternimmt, deren gesetzlicher Grundplan jeder rationellen Berechnung spottet, so dass die auf's Gerathewohl zwischengefügten Pfosten die naturgemäss gefertigten in den Untergang mitreissen. Hier giebt es kein Compromiss zwischen dem, was dem Cäsar und dem Gott zu geben. In seinem zoopolitischen Charakter gehört der Erdensohn ganz und gar seiner staatlichen Existenz an (zu cultureller Entwicklung der ihm eingepflanzten Keime; seiner Bestimmung gemäss) und die das Jenseits betreffenden Speculationen bleiben den individuellen Idiosyncrasien überlassen, wie es Jedem damit Abfindung zu treffen beliebt; ob mit sich allein, ob mit Hilfe eines Guru (der indess als gebrechliches Menschenkind nicht in das Hineinzureden befugt ist, was ein lex naturalis allen Geschöpfen gelehrt hat; und so dem anthropinischen gleichfalls).

In solchen Stufengraden der Stadien (in Vor- oder Uncultur), während welcher die Dämonengötter beständig in das practisch tägliche eingreifen und so für Wohlergehen des Gemeinwesens gleichfalls officielle Sühnungen verlangen, verblieben, aus Verquickung der juristischen und religiösen Gesetze, auch im republicanen Rom die Functionen eines Rex sacrificulus, sowie in Hellas trotz Beseitigung des Basileus der so zubenannte Archon. Seitdem jedoch unter Erhellung des Wissens die (belebte und) beseelte Natur in eine, wenn nicht (anorganisch) todte, doch seelenlose zurückgesunken, bedarf es in solchen Rücksichten keiner priesterlichen Helfer mehr (im Ceremonial der Purochiten und sonst vermittelnder Fürsprecher). Und da die sobezüglich zum Besten der Moral erwartete Unterstützung auf gesicherten Unterlagen aufzubauen sein wird (auf Grund der aus Vorbedingungen socialer Existenz sittlich einwohnenden Elementargedanken), verbleibt die religiöse Frage eine individuell private (der Einzelpersönlichkeiten), ohne dass die Aufgaben des Gesellschaftskreises in ihren Allgemein-Interessen irgendwelche Störung dadurch erhalten dürfen, ausser soweit der Staat, aus historischen Traditionen, die Fortbewahrung kirchlicher Weihen für sich oportun erachtet.

Die Amabilität und Affabilität des im luxuriösen Gefängniss des Vaticans Schmachtenden wird gerühmt, besonders von denen, die begünstigt gewesen, Rom nicht zu verlassen, ohne den Papst gesehen zu haben. Nicht darauf kommt es an. Wer im Glashause wohnt, wirft nicht mit Steinen, und erweist sich um so liebenswürdiger in billigen Phrasen, je schwächer seine Stellung sich fühlt. Es handelt sich um die wahnwitzigen Ungeheuerlichkeiten im Kopfe desjenigen, der in Stellvertretung eines, unsern in harmonischer Unendlichkeit tönenden Kosmos als Spielball in den Händen rollenden Gottes fungirt, der über die in Ewigkeiten entschwindenden Daseinsformen des Jenseits kraft der Schlüsselgewalt disponirt, der, ein gebrechliches Menschenkind, in Infallibilitäten faselt und sich die Füsse küssen lässt, im Pantoffel vorgestreckt (ohne die den Herrn des weissen Elephanten schmückende Vergoldung). Und wenn nun, wer der Assimilationsfähigkeit seines Gehirns derartige Denkethümlichkeiten zumuthen darf, wer kabbalistische Zahlenmassen wüst umnebelnder Glaubensdogmen in demselbe umherträgt, ohne das elementare Einmal-Eins zu kennen, im logischen Rechnen, — wenn ein solcher in seinen Decreten als höchste Autorität redet, für Millionen der Bekenner, so kann die socialistische Begriffsverwirrung nicht Wunder nehmen, die zum Anarchismus zu führen hat, wenn nicht baldig Wandel geschaffen ist.

In der. Säulen (und Sculpturen) des Apollo-Tempel (neben dem Neptun-Tempel) bewahrenden, Kathedrale (mit dem flüssig-dicken Blut des heiligen Januarius hinter dem Hauptaltar) zeigt man die Krypte, worin in einem (versiegelt) übermauerten Holzkasten Januarius begraben liegt, mit einem Glasgestell darauf (einen Finger einschliessend). Daneben in einem Glaskasten die Knochen des dreijährigen Kindes, das (auf dem Arm seiner Mutter) die Einheit der Trinität bezeugend (unter Titus) hingerichtet wurde, zusammen mit dem St. Martinius. In einer Seitencapelle (mit dem „Tesoro": silberner und goldener Heiligenbilder) findet sich ein mit dem Privileg der „Indulgentia plenaria" (gleich dem Hochaltar) begünstigter Altar, an dem der Messe lesende Priester durch ein anderen bedient wird. In der Krypta St. Giovanni in Fonte findet sich ein Wasserbecken (neben einem Gemälde der Jordan-Taufe).

In der Chiesa Santa Chiara findet sich ein der heiligen Trinität gewidmeter (mit Bildern ihrer Erscheinung bei Wunderkuren) geschmückter Altar, der mit dem Privileg der Indulgentia plenaria begünstigt ist, neben einem zweiten, mit der Aufschrift: Indulgencia plenaria cotidiana con la liberacione da una anima dal Purgatorio per cada mesa quese celebra in questi altar. Davor stand eine die Bestimmung Pio's IX (ausgestellt 10. April 1888) enthaltende Bescheinigung der Indulgencia plenaria cotidiana perpetua (questa altar e priviligiada ad septennarium per cualcunque sacerdote etc.).

Für die Indulgentia plenaria muss eine Beichte vorhergehen, und wer dieselbe zu vermeiden wünscht, zieht deshalb einen zeitlich umschriebenen (10- oder 100tägigen) Ablass*) vor, der schon nach dem Lesen der vorgeschriebenen Gebete erlangt werden kann (in Neapel).

Indem der Priester an Gottes Statt die Schuld des Sünders vergiebt, in der Absolution, werden die ewigen Strafen in zeitliche verwandelt, potestas oder clavis ordinis, und im Namen der Kirche auch von den zeitlichen Strafen, nach Auflegung entsprechender Satisfactionen, absolvirt (potestas oder clavis jurisdictionis).

Die auf einen Zeitraum beschränkten Indulgenzen können (ohne dass Ausschluss der Todsünden zu näherer Erwähnung kommt) zur Indulgentia plenaria gesteigert werden, bei ununterbrochener Wiederholung des (um einen Ablass für 100 Tage etwa zu erlangen) vorgeschriebenen Gebetes während eines ganzen Monats (u. dgl. m.). In (Preti's) Raccolta di Orazioni ed Indulgenze (Napoli 1891) heisst es jedoch betreff des Breve (1815) Pio VII. (über la devozione verso Maria Santissima Addolorata etc.): A quelchi poi, che in tutte il mes avranus praticato divotamente si pio esercizio, concesso in ciascum mese Indulgenza Plenaria, e remissione di tutti i peccati da conseguirsi, in un giorno ad arbitrio (u. s. w.). Nach der Bulle (Aug. 1512) erworben: tutti i Fedeli, che divanno, „Sia Lodato il Santissimo Sacramento" 100 Tage Ablass (a per le prime unique volte si possono liberare cinque anime dal Purgatorio). Für den, der nicht zu lesen versteht, „basta che fanno ossequio alla carta dove sta sreitta, dicendo la giaculatoria medesima" (und so für den, der eine „Medaglia o Stampa con l'imprento del Santissimo Sacramento" trägt).

---

*) De aflaten door den H. Stoel aan de leden van den Sint Claver-Bond verleend zijn de volgende:
a) volle aflaat onder de gewone voorwaarden op het feest van den H. Petrus Claver (9 Sept.) of op een dag onder het octaaf.
b) insgelijks op den dag, dat men lid wordt van den Sint Claver-Bond.
c) insgelijks in het uur des doods, zoo men slechts met rouwmoedig hart den Heiligen Naam van Jezus aanroept.
d) een aflaat van drie honderd dagen, zoo dikwijls de leden eenig werk van godsvrucht of liefde ten gunste der Missie verrichten.
e) een volle aflaat onder de gewone voorwaarden op den eersten Zondag van iedere maand.

7. Eenmaal 's jaars zal op den feestdag van den H. Petrus Claver of daaromtrent, in elke plaats, waar de Bond is opgericht, eene H. Mis worden opgedragen voor de levende en overledene leden van den Bond.

8. Iedere week zal er eene H. Mis worden opgedragen voor de levende en overledene leden van den Bond.

Die Wirksamkeit wird durch Messelesen unterstützt, zur Befreiung der Seelen aus dem Fegefeuer (S. Nicolo da Tolentino, che celebrate sette Messe a loro suffragio, ne liberó una grandissima moltitudine), und nach päpstlicher Mittheilung an seinen Cappellan „gli disse, che fer un di quei tre Patre et Ave, gli era sta ta scancellata ogni colpa, par l'altro ogni pena, e por l'ultimo gli erano state aperte le porte del cielo (officacissime divozione di dire tre Pater noster e tre Ave Maria, per il punto della morte).

In dem Dom zu Aversa findet sich ein (für den Eintritt) ausgebautes Modell des heiligen Hauses in Loreto, mit theilweise echten Ziegeln, die dem Original — das (zu Ancona) erhöht steht — ausgebrochen sind, sowie ein Kamin (hinter einem Vorhang). Daneben stand ein (originaler) Stuhl aus Holz (mit drei Holzschüsseln darauf), worauf die Jungfrau gesessen, und Kranke werden zur Heilung hinaufgesetzt (mit geweihter Kerze in der Hand). Daneben waren Votivgemälde aufgehängt, sowie (Haarbüschel und) Geschenke, womit auch die Figur der Madonna behängt war, die (beim Anzünden der Kerzen) von Aussen sichtbar wird [über einem (zu Seelenmessen dienenden) Altar].

Zur Kirche des Monte Vergine darf kein Fleisch mitgenommen werden, und als ein Schweizer-Offizier Würste in der Tasche hatte, brach ein Gewitter los. Die Gebeine des dort begrabenen Januarius wurden bei der Pest (1686) nach Neapel gebracht, und an dem Tage, wo dort sein Blut in der (auf den Altar gestellten) Phiole flüssig wird, beginnt auch das an dem Stein, worauf er enthauptet wurde, klebende Blut zu rinnen (in der Kirche Pozzuoli's).

St. Philippo de Neri bringt schreiende Kinder zum Schweigen, und St. Nicolo ist auf seinem Bilde von Kindern umspielt (als Kindesfreund in Holland; an seinem Tage).

Die Votive sind, wenn nicht von Wachs (Hände, Füsse u. s. w.) aus Gold oder Silber (z. B. ein Ohr oder die Nase auf viereckiger Platte). Ein an Kopfschmerz leidendes Mädchen hatte gelobt, ihr Haupthaar abzuschneiden, im Hause von Loreto aufgehängt (zu Aversa).

Die Figur der Immaculata Concepcion steht auf einer Weltkugel, die Schlange zertretend. Am Einschiffungsplatz zu Neapel findet sich eine Kirche der Immacaturella (mit ihrer Figur).

Santa Ana dei Paludini wird als Schutzheilige Neapels verehrt (weil gegen Malaria schützend). Am Vorfest (sowie am Fest des nächsten Tages) waren die Strassen Caserta's durch Bogenlichter erhellt (über den Namenzug Santana) und die Corporationen zogen mit ihren Fahnen umher (unter Feuerwerken).

Aus einer Waldschlucht (neben dem Weg von Caserta nach Vietro zweigt ein abwärts führender Engpfad ab, (auf der Strasse des Dorfes Furcae Caudinae), mit Marmorstücken gepflastert, und daneben findet sich (unter Bogen-Gewölben) die Cisterna samnitana (aus der Zeit des römischen Krieges).

Auf dem Sarcophag von Pozzuoli (im Museum Neapels) findet sich die Erschaffung des Menschen ausgemeisselt, dessen noch unbelebte Form — gleich dem Lehmgebilde der Elohim (wie in sibirischen und gnostischen Schöpfungsmythen) — ausgestreckt daliegt, und vor ihr [unter Zeus, des Lebensgebers (in $Z\eta\nu$) Zuschau] sitzt sinnend Prometheus, aus der umgekehrten Fackel des Genius den Lebensfunken einfügend, während (unter dem Gespiel verwundert erfreuter Amoretten) Here nachdenklich einen Geldsack an Mercur überreicht, der sich jauchzend emporschwingt, da es jetzt zu handeln giebt, mit Beihülfe des hinzutretenden Neptun (navigare necesse est, vivere non necesse est).

Neben dem avernischen See öffnet sich in einer Schlucht der Eingang zur Grotte der Sibylle (von Cumae), der (an einer Eckthür vorbei) zwischen Fresco und Blumen auf dem Stuck zum Untergemache führt, mit Wasser gefüllt, jenseits welches zwei Räume einander folgen mit Steinbetten der Sibylle (und Nero's). Auf einer Seitenbahn (welche gleichfalls mit Wasser gefüllt) kam von dem aufgefüllten See der elysinischen Felder (zwischen Baja und Cirma) der Nachen Charons, der (nach Plutos Bestimmung) die Seelen zu dem einen oder andern Orte geführt, um das Gold der Sibylle zu überbringen, die (weil im Verkehr mit Pluto) um Orakel angegangen wurde, von dem altanschliessenden Eingang aus (dem jetzigen entgegengesetzt).

Wenn man an heiligster Oertlichkeit des seines Jerusalem, Bethlehem und Nazareth beraubten Christenthums, auf heiligstem Platze desselben, dem heiligsten Heiligthum sich nähert, dann schimmert oberwärts mystisch, um den Sanctus Spiritus zu symbolisiren, ein Strahlenglanz entgegen, über der päpstlichen Bischofsmütze, von Engeln getragen (und darunter Jesus mit Petrus). Was sich von weither, zur Fixirung der Aufmerksamkeit, im Mittelpunkt des

Gelbgeschimmers, (wo der Sinto-Cult seine Spiegel der Reinheit placiren würde), deutlicher erblickt, ist ein Vögelchen, gleich der Taube der phönicischen Göttin oder samoanischer Schnepfe und das Seitenstück der Batak (zum Herabbringen des Schöpfungswerks oder der Zeugung). Im Mittelpunkt der Cathedrale, vor dem Hochaltar, umbrennen Oellämpchen ein Geländer, dessen Treppe zum Lume eterne im verschlossenen Raum niederführt, dort (wie in buddhistischen Dogoben) über dem Succorpo de San Pietro (und Pauli) brennend in drei (allvierundzwanzigstündlich erneuten) Ständern (in Reminiscenz des Vesta-'Toger) und die vergoldete Kiste birgt den vom Papst den Cardinalen und Erzbischöfen verliehenen Pallien, aus der Wolle der im Vatican gesegneten Lämmer (der St. Agnes) gewebt, durch die Nonnen der heiligen Caecilia, die sich für dies Werk durch das Mahl belohnen, zubereitet aus dem als Opferlamm Geschlachteten, das die Sünde der Welt trägt, unter „schaurigen Mysterien" zu patristischer Zeit, als mitunter ein blutender Säugling auf dem Altar erblickt ist (an Stelle der Hostia). Das sind deine Götter Israel (und Filialen).

Manch frommes Gemüth, wenn mit Ueberwindung der mühseligen Pilgerfahrt, bei Annäherung an die ewige Stadt tiefer und tiefer in den Pfuhl der Sündhaftigkeit gerathend, der nach den Aussagen aufrichtiger Berichterstatter (nicht nur der dadurch zum Protestiren veranlassten) sie umfluthet, müssen zurückgeschaudert sein vor dem der „celeste Regina della Patria nostra", wie der sede infallibile de Pietro, in der Allocution des Consiglio Superiore della Società delle Gioventu Cattolica Italiana bezeichnet wird, denn wenn so schon auf Erden, wie muss es im Himmel erst aussehen. Ausschlaggebend sagt das römische Sprichwort: Casa santa, Popolo triste (diavoli), und das das Endresultat jahrtausendlangen Moralisirens und Theologisirens! (im Centralsitz solcher Bemühungen).

Die Madonna Laurentiana (vom heiligen Haus bei Rom), ein Kind tragend, findet sich im Gewande der Isis (oder der Diana epheriana) gekleidet (an den Füssen zusammenlaufend).

In der Kirche Santa Ana (deren Fest nicht nur in ihren Kapellen, sondern als nationalallgemeines in Neapel gefeiert wird) war die Thürwand mit Votivgemälden behangen über die durch ihre Beihülfe erlangten Heilungen und am Eingang sass ein Priester, ein Glaskästchen mit einem Knöchelchen der heiligen Anna vorstreckend zum Küssen durch die Eintretenden (mit Verkauf ihres Abbildes).

Die von Thon gefertigte Statue der Anima della Purgatorio (einen im Feuer brennenden Oberleib darstellend) wird in der Kirche mit Weihwasser und Gebet des Priesters geweiht und dann neben einer Figur der heiligen Madonna (unter Anzündung einer Kerze) gestellt, um als Fürsprecher angerufen zu werden, da die nach einem Jahr aus dem Fegefeuer in den Himmel gelangenden Seelen als solche fungiren können (besonders für den, der ihnen mit Messelesen nachgeholfen hat).

In der Kirche Trinita major (des Jesu nuovo) finden sich die (170) Märtyrer Japans (des Jahres 1500), als Heilige, ein jeder (mit dem Glorienschein) auf einem Kasten sitzend, der seine Gebeine enthält. Daneben wird (unter einer Glasscheibe) ein Stück des Capitum Pluviale des Heiligen Caroli Borromaei (in Mailand verstorben) gezeigt, sowie ein Abschnitt vom Rock (vestimenta) des Heiligen Francisco de Gierononimo (aus Rom).

Seitdem mit Rehabilitirung des Zoon politikon der Gesellschaftsgedanke zu seiner Anerkennung gekommen, haben die Aspecte der Psychologie eine radicale Umgestaltung erhalten, durch Ermöglichung eines objectiven Standpunkts für ihre Betrachtungsweise.

Das vorher unzugängliche Bewusstsein kann jetzt in Angriff genommen werden, da es sich in proportionelle Gleichungsformeln fassen lässt, aus dem Verhältnisswerthe des psycho-physischen Individuums (mit seiner terrestrisch leiblich eingeschlagenen Wurzel) zu dem Umbegriff der gesellschaftlich bekleideten aus den vom Logos gewobenen Wortschöpfungen, der seinerseits jenseits anderen Regionen entstammt, vom Nous gezeugt (oder seiner naturwissenschaftlich gedeuteten Umsetzung in kosmisch harmonisirte Gesetzlichkeiten).

Was als Entwickelung bezeichnet wird, durchläuft einen in sich geschlossenen Kreislauf (zur Akme aufsteigend und niederwärts wieder), von zelligen Unitäten her, aus primordialen Keimungen (im Pflanzenreich), worüber der auf Relativitäten hingewiesene Denkprocess nicht hinauszugehen vermag (bis das logische Rechnen zu seinem Infinitesimalcalcül sich vervollkommnet haben mag).

Auch die zoologischen Zeugungen gehen auf eiweissartig cellulares Plasma zurück, aber schwebend im (befruchteten) Mutterleib getragen, ohne terrestrisch eingeschlagene Wurzel. Hier wirken die Ursächlichkeiten an einer (weil in Gasarten unsichtbaren, insofern) immateriellen Hyle, aus Kräften, wie beim Anspringen des Krystalles (in materiell gesättigter Lauge) thätig, und sie ragen in planetarische Atmosphäre aus solarisch-stellaren Fernen herein, unter derartigen Conjuncturen, wie durch astrologische Phantasien mit den Sternen verknüpft wurden, die (nach heutiger Weltanschau) aus Unendlichkeiten hernieder flimmern (von den Geheimnissen des Daseins zu künden).

Der (in mythologischen Schöpfungstheorien durch Wort-Einkörperungen hervorgerufene) Typus variirt sodann, nach dem Zusammentreffen gäo-meteorologischer Agentien, um als Index seiner geographischen Provinz, diese anzuzeigen, für das ihr normalgültige Centrum der Schwere (mit den innerhalb der Weite zugehöriger Peripherielinie gestatteten Oscillationen).

„Die Methode des Denkens ist bei allen Menschen dieselbe, bei den Kongo, ja bei den Australnegern ganz so, wie bei einem Universitätsprofessor der Naturwissenschaften; das, was allein einen Unterschied zwischen ihnen macht, das ist die Menge der ihnen bekannten Thatsachen und die Fähigkeit der genauen Beobachtung" (s. Nordau), in cultureller Pflege vermehrt (aber der zunehmenden Complicationen wegen desto leichter Irrthümern ausgesetzt). In der eng, aber streng geschlossenen Logik der Elementargedanken wäre zunächst das Einmaleins (des logischen Rechnens) zu erlernen, um vorzubereiten auf die Operationen einer höheren Analysis (und so der Wesenheit ihre Unendlichkeit zu klären).

„Nach langem Leiden verstarb —" wiederholt sich in den Todesanzeigen, und so, mit Ausnahme einer geringen Minderheit (normal beglückter Disposition) schreiten wir alle auf dem Lebensweg, einem grausamen Urtheil entgegen, verfrüht vielleicht durch Henkershand, wenn Accidentien gewaltsam den Lebensfaden abschneiden, meist jedoch qualvollen Peinigungen vorbehalten, schlimmer als die des Märtyrerthums, die trotz ihres Raffinements in wenigen Stunden oder Tagen doch beendet sind, während jene tagein tagaus foltern, Jahre und Jahrzehnte hindurch (nachdem die kritische Scheidelinie der Sexagenarii überschritten ist). Wohlverdienten Staatsmännern sagt die Statistik einen langen Lebenslauf voraus, aber gleich dem englischen Koryphäen ist unser in Deutschland gefeierter Heros gramvoll dahingeschieden, obwohl beide rechtzeitig in den Ruhestand comfortabler Pflege zurücktraten, und der letztere ganz und gar der Dienste eines stetig attendirenden Leibarztes sich gesichert hatte, dessen ganze Kunst nur darauf hinausgelaufen ist, den Trunk des Leidenskelchs bis zu den Bitterkeiten letzter Hefe zu verlängern, da der naturgemäss zusagende interdicirt war, und so im letzten Lebensjahre durch Verbitterungen des Gemüthes jene Harmonie gestört war, die es vorher zu einem so grossmächtigen gestaltet hatte. Ist das Physische derart unheilbar zerrüttet, dass auf „sana mens in corpore sano" keine Hoffnung mehr, dann besser geht auch das Psychische dahin, um fortzudauern in den gesund normalen Schöpfungen (bester Lebenszeit).

Für die Anforderungen des gesellschaftlichen Lebens schmuggelt sich überall, bald grober, bald versteckter ein Phallisches ein, wie auch im „Hoc verbum carne factum est" ausgesprochen liegt.

Abstossend wirken die priapaischen Ungeheuerlichkeiten auf classischen Vasen, ekelhaft, weil unanständig nicht nur, sondern naturwidersinnig, und wenn in den Gemälde-Gallerien (seit Cimaboes Schule u. a.) die Annunciationen truppenweis herbeilaufen, so liegt in dem Abwenden der ihr Gewand anschmiegenden Jungfrau vor den Worten der schwer beflügelten Ungethümlichkeit gleichfalls ein Unnatürlich Widersinniges, weil actuell dergleichen nie vorgekommen sein kann, und so das sympathische Hineinleben fehlt.

Aus welcher Quelle bei Anschau byzantinisch verrenkter Bilder ein ästhetischer Rausch überhaupt sprudeln soll, ist für nüchterne Anschau unbegreiflich, und wenn er, anziehender Nebensächlichkeiten wegen, trotzdem übermannt, erweist dies das Bedenkliche solcher Stimmung, die in subjectiven Gefühlsregungen das klar blickende Denken umdüstert, statt durch dieses erhellt zu werden.

Bei vernunftgemäss rationeller Betrachtung führt jede Verletzung des Wirklichen störend dazwischen für behagliche Auffassung. Ein in der Luft schwebendes Menschenwesen widerspricht dem Naturgemässen, weil der Anthropos zum Fussauftritt geschaffen ist, und wenn ihm ein Flügelansatz sein Schweben erleichtern soll, müssten hundertlei Modificationen des Skelettgerüstes statthaben, zum Ueberführen in ornithologische Rumpfform, und langschwebende Faltengewänder würden ihre Einsitzer durchfallen lassen (wie Ballons, trotz scharfer Examination).

Aus Johannes Bapt. spricht einer derjenigen Busspprediger, wie sie unter den Beängstigungen social-geschichtlicher Katastrophen zu erstehen pflegen, und der Sohn eines im hierosylemitischen Tempel fungirenden Priesters wird seine Ermahnungen an die damalig temporäre [und (für sein Publikum) populäre] Auffassungsweise des prophetisch in Jehovah (oder der Elohim) verkörperten Gottesbegriffs Adonai's (des Tuan oder „Herrn") angeschlossen haben, womit sich zugleich (mongolische Khane und sonstige Cäsaren verherrlichende) Jungfrauengeburten (in Immanuel) verbanden [die bei ihm selber die (seit Sarah, in abrahamistischer Zeit) traditionelle Form einer Ankündigung bewahrt hatte], sowie die überall (in Zeiten der Noth) auf einen Paraklet (Maitreya oder Mahdi) hingerichtet hatten, auf den (im Messias oder Christos) geölten Spross aus David's Haus oder — aus seiner [transeunt (im Kiffhäuser) verbergenden] Einbehausung — eines in geschichtlichen Erinnerungen gefeierten Herrschers (oder Heros).

Als bei der Taufe im Jordan solch künftiger Messias (durch Inspiration; gleich traumhafter des Kapurale) in seinem Nachfolger erkannt war, erleichterte dessen galiläische Herkunft die Vermittlung mit den damals den Volksglauben beherrschenden Theokrasien, unter welchen die vorher concreten Göttergestalten bei ihren Conflicten sich gegenseitig vernichtigt hatten, verflüchtigt (aus ihren Durcheinandermischungen) zu einem unbenannten (oder in der Gnosis) „anonymen" Gott (Vater), dem „Herrn" qua talis, als (Constanz's) Deus in coelo; oder wie (bei den Batak) Debata als Höchster erscheint, während (orthodox) die Dewa auf niedere Terrassen- (und Rang-)stufen verwiesen stehen [und auch in China haben Missionare das (gespenstig) hunds- (und all-) gemein Dämonische (in den Shin) mit der Würde eines Himmelsgottes (gleich Shang-ti) bekleidet — wie aus Gütchen und Hütchen ein Gott erhoben wurde].

Unter den theokrasischen Göttermischungen der Imperatorenzeit überwog im Orient die weibliche Seite, die in Magna Mater (und Weird sisters gleich Kala) mit ihrem Adonis (an Stelle mädchenhafter Persephone im Westen) spielte oder als Isis das Kindlein auf dem Arme trug (in Kwanyin's sexueller Wandlung), während robustere Zeugungen (wie durch Ken Angrok's Stammesvater vollzogen) aus hellenischen Mythologien nachklangen (in den um Herakles und Dionysos geschlagenen Epen, dramatischer und komödienhafter Vorführungen).

So lagen hier in primär allgemein durchgehenden Elementargedanken all' diejenigen Keimansätze vorbereitet, die unter den Debatten auf späteren Concilien zu jenem wundersam grotesken Convolut aufwachsen sollten, worin als die „Mulier" oder Femina (fide minus) zu schweigen hatte „in ecclesia", der Spiritus Sanctus masculinirt wurde, während weiterhin wiederum das Männliche seinen Vortritt zu cediren hatte vor dem „Ewig-Weiblichen" in der Madonna, als „Gottesgebärerin" [mit der gesammten Trinitas auf (oder in) ihrem (Mutter-) Schooss].

Das praktische Interesse an der „Frohen Botschaft" centrirte in den als wunderthätig (gleich dem die Pilgerschaaren anschwellenden Wasser zu Lourdes) erwiesenen Heilungen, die all' rivalisirenden überragten, weil bis zu Todtenerweckungen gesteigert, und dann die Garantie einer Fleischesauferstehung besiegelten, als die Siegel des (den Leib des Gekreuzigten einschliessenden) Grabsteins gesprengt waren (für leibhaftige Himmelfahrt). Aufänglich ist es eine kleine Schaar, in ihren Gemeinden zusammengeschlossen vereinigt (auf den Reise-Stationen der Apostel) und durch regen Briefwechsel mit einander verbunden (unter den trefflichen Post-Einrichtungen des römischen Weltreichs, die bei Constantine's Begünstigungen auch den Bischöfen die Lieferung von Postpferden erlaubte, um die Synoden zu besuchen).

Im engen Zusammenschluss durchwärmte desto inniger die aus des Meisters Reden sprechende (und daraus gedeutete) Nächstenliebe, erhöht durch das hoffnungsvolle Vorgefühl eines leiblich persönlichen Verkehrs noch im Jenseits (einlogirt in des Vaters „vielen Wohnungen"), und so bethätigten sich praktische Acte der Mildthätigkeit, die den Apostaten veranlassten, seinen heidnischen Unterthanen die christlichen als Muster aufzustellen. Die Verfolgungen (wegen Weigerung staatlich aufliegenden Ceremonials) stachelten an zum Märtyrerthum, das dem Philosophen-Kaiser als ein absonderlicher Geschmack erscheinen musste, das indess (im passiven Widerstand) die einzige Hilfe und Tröstung der Schwachen und Unterdrückten, in psychischer Ansteckung epidemisch weiter grassirte, die Bekehrungen mehrend.

Als mit der „Ecclesia triumphans" Alles zur Ruhe und schönsten Ordnung gekommen, begann das Gegrübel über das in der Trinitas kitzelnde Rechnenexempel und wurde dem Reinigungsbad der Taufe eine die (aus hebräischer Genesis einwurzelnde) Erbsünde abwaschende Kraft verliehen (bei den Ebioniten), während die aus dem Paganismus Uebergetretenen die Restbestände ihrer der Zerstörung verfallenen Mysterien für die „schauerlichen Mahle" (der Patristiker) verwertheten, und der in aristokratischer Kastenscheidung abgetrennte Klerus sich hierarchisch organisirte, unter einem petrinisch versteinerndem Kampf (in starrer Dogmatik).

Und jetzt sank auf Europa's [durch die Orthodoxie (in ihrem

Kampf um's Messer mit der Heterodoxie) zum Anathematisiven entflammten] Nationen jene Nacht der Barbarei hernieder, unter deren (die an päpstlichen und merovingischen Höfen — denen der Kirche und ihrer ältesten Tochter — geübten Schandthaten deckenden) Umdunkelung das Kreuzesbanner bei blutigen Ketzerkriegen voranwehte und die gräulichen Inquisitionsgerichte zu gräulicheren Hexenprocessen führten, in pfäffischer Verdummung, bis mit den in byzantinischen Klöstern ausgegrabenen Texten der Classicität die Renaissance zu tagen begann und (nachdem das von „babylonischer Hure" erlösende Wort gesprochen war) die von ihren Fesseln befreite Forschung (kraft der den Morgen der Neuzeit inaugurirenden Doppel-Revolution) das vernunftgemäss erhellende Licht des Wissens entzündete, das die Gegenwart umleuchtend, im „Zeitalter der Naturwissenschaften", dasselbe bald jetzt mit seinem Kuppelabschluss gekrönt erweisen wird (aus Zutritt einer ethno-noëtischen Psychologie).

Den Kategorien (Kant's), als (aprioristische) Formen des Denken's, eignet solche Apriorität als potentiell (dem Keime nach) einwohnend, um sich nach den (undeterminirten, weil immanenten) Wachsthumsgesetzen des Denken's zu ihrer Gültigkeit auszugestalten. Die Peripherielinie des Raumes ist durch den optischen Sehkreis (des anthropinischen Auges) gezogen, wobei der den (aufschauenden) Anthropos (unter seinen trauseunten Loslösungen von der Schwerkraft) im Gleichgewicht erhaltende Willen durch seine (in musculärer Reizbarkeit) hervorgerufenen Bewegungen ein Ausmessen ermöglicht. Die Zeit tickt im rythmisch pulsirenden Herzen, um den Unterschied auszuzählen zwischen dem in Bewusstheit thätigen Leben, und einem dem Schlaf verfallenen (dem Bruder des Todes).

In den mit jedesmaligem Zwischenfall des Nachtschlaf's (und seiner Bewusstlosigkeit) abgeschlossenen Lebensexistenzen (eines bewussten Denken's) zählt sich (mit mehr oder weniger weitreichendem Rückblick des Gedächtnisses) die Einheit der im Tagesverlauf erfüllten Individualitäten, mit bald entschwindender Unübersehbarkeit im Zeitbegriff, der seinerseits wieder, wenn astronomisch fixirt, beim ununterbrochenen Fortzählen unabsehbar verschwindet (in Ewigkeiten hinaus). Insofern läuft die Ewigkeit auf derartige Verlängerung der Zahlenreihen (in Häufung ihrer Massen) hinaus, dass sie sich dem Endabblick entzieht, Stetigkeit vorspiegelnd, wie auf den Rupa- und Arupa-Terrassen des Buddhagama, dem das Ewige erst in seinem Jenseits liegt, in einem gesetzlichen Walten (nach naturwissenschaftlich correcterer Fassung). In Auffassung des Zeitbegriffs liegt demnach die ihrer Endlichkeit, die Beendigung durch eine Schlussperiode, involvirt, weil sie durch solche, sei es eine (für individuelle Existenz) vorübergehende (im Schlaf), sei es dauernd (im Tode) zur Empfindung gelangt, in Auszählung, und ebenso widersinnig, wie das Gerede von unbegrenzter Entwicklung (weil stets durch den Niedergang bei der Akme begrenzt), wäre das von einer unendlichen Zeit, für das irdische Vorgänge verbildlichende Denken. Die Befreiung von sinnlich gezogenen Schranken, drängt sich der aus sprachlichem Gesellschaftsverkehr geborenen Persönlichkeit für ihre jeweilige Projicirung erst auf, wobei das in momentanen Acten zeugende Leben den psychophysisch einigenden Faden gleichfalls zu bewahren hat (in seinen Verwirklichungen), unter dem Gleichklang harmonischer Gesetze, das Daseiende hindurch (in Allheit und Vollheit).

www.ingramcontent.com/pod-product-compliance
Lightning Source LLC
Chambersburg PA
CBHW030332170426
43202CB00010B/1101